isbn 2-908894-60-2

6, rue Deguerry
75011 Paris
Tél : 01 40 21 35 42

l'art d'encadrer vos broderies

création et techniques

Nathalie Brodu

photographies de Julien Clapot

l'inédite

broderies

table des matières

avant-propos

Accessible aux débutant(es), comme aux encadreurs plus confirmés, cet "Art d'encadrer vos broderies" se veut une source d'inspiration pour faire évoluer votre travail d'encadreur afin d'adapter le mieux possible votre encadrement à des broderies très différentes dans leur style, leur couleur, leur ambiance.

Les modèles d'encadrement proposés ici montrent que les broderies une fois terminées peuvent être mises en scène comme un véritable tableau, grâce à un encadrement approprié.

La mise en valeur d'une broderie ou d'un document n'est pas uniquement axée sur la technique choisie mais également sur le choix des couleurs qui achèvera ainsi de personnaliser totalement son travail.

Choisir tel ou tel papier permettra d'obtenir un rendu très différent d'un encadrement à l'autre.

Il ne faut pas hésiter à opter pour des fantaisies de tons ou de motifs, certaines broderies n'en seront que plus belles, alors que la sobriété sera indispensable pour d'autres.

Dans ce choix, tout dépend de l'effet désiré et du lieu où elle sera exposée.

Il est préférable d'attendre que le "paquet" soit terminé avant de choisir la baguette qui sera assortie le mieux possible à l'ensemble.

Les techniques proposées dans ce livre sont assez élaborées, sans pour autant être compliquées.

Cet ouvrage offre la possibilité à tous, encadreurs débutants ou confirmés de jouer la complémentarité entre la broderie et l'encadrement.

Je vous souhaite autant de plaisir dans la réalisation de vos "œuvres" que j'en ai eu moi-même.

matériel

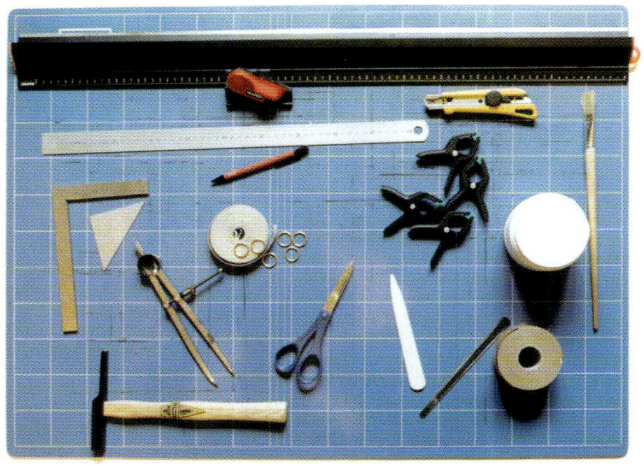

• Fournitures de base

Cutter coudé (meilleure tenue en main)
Curseur à 45°
Règle lourde anti-dérapante
Réglet métallique de 50 cm de long et de 3 cm de large
Petit marteau
Plioir
Équerre
Critérium
Compas crayon
Gabarit d'angle (45°)
Ciseaux à bout pointu
Pinceau rouleau
Pinceau brosse
Anneaux + tresse
Papier de verre à grains fin + lime à ongle
Rouleau de papier kraft gommé brun (4,5 cm)
Tapis de coupe ou carton martyre
Calendrier recouvert de plastique pour encoller les cartonnettes
4 grosses pinces
Chiffon doux et propre
Colle blanche
Quelques épingles fines (à patchwork)
Pointe à embosser (pour les reliefs sous passe-partout uniquement)

• Pour les baguettes

Boîte à onglet
Presse à cadre
Colle à bois
Clous sans tête de 12 à 15 cm

• Pour tendre les broderies

Ouatine
Épingles de 14 cm
Carton plume de 0,5 cm

trucs et astuces

- Toujours travailler sur un plan bien dégagé, propre pour être à son aise.

- Lire l'ensemble des explications avant de commencer, afin de bien visualiser la marche à suivre et les différentes étapes dans la progression du travail.

- Faire un croquis de la technique choisie en y intégrant tous les éléments souhaités puis faire le tableau des mesures, qui permet de vérifier qu'aucun élément n'a été oublié. Réserver un carnet à cet effet, il sera par la suite une base de données intéressante.

- Prendre son temps et un soin particulier à l'équerrage des cartons, ne pas oublier les repères.

- Toujours effectuer les découpes à l'aide de la règle lourde (même les papiers). Il faut la placer de façon à protéger ce que l'on garde pour éviter le gaspillage en cas de dérapage et aussi pour ne pas entamer le carton que l'on va utiliser.

- Ne jamais découper la feuille de papier avant de la coller, la laisser entière et araser après encollage.

- Toujours encoller le support et non le papier.

- Pour mettre les cartons sous presse, se servir de catalogues ou d'annuaire.

- Ne pas hésiter à changer très souvent de lame, une lame usée peut déchirer le papier et accroit la difficulté pour la coupe des cartons.

- Toujours s'assurer, avant de fermer le paquet, qu'il n'y a plus aucune poussière.

- Un vieux collant roulé en boule permet d'attirer les poussières aussi bien sur le carton que sur le verre.

- Toujours dépasser les découpes des ouvertures pour les biseaux ou les coupes droites (mais pas les cartonnettes) afin d'obtenir de beaux angles qui ne soient pas "arrondis".

- Vérifier que l'on a tous les outils nécessaires à la réalisation de la technique avant de commencer le travail.

- Éviter de couper sur du verre car les lames s'abîmeront plus vite.

- Par contre, faire les découpes délicates ou chantournées sur une plaque de verre.

- Bien tenir le crayon à papier perpendiculaire, afin d'éviter des millimètres en trop.

- N'hésitez pas à vous référer au lexique pour avoir des précisions sur le vocabulaire !

encadrement : les bases

• Conseils

• Toujours habiller le passe-partout avant de prendre l'empreinte sur le carton biseau afin d'obtenir le millimètre de recul par rapport au biseau. Cela permet d'éviter l'ombre du passe-partout sur le biseau.

• Pour les biseaux anglais, le tableau des mesures indique de réserver 1 cm pour le biseau, alors que le carton ne fait

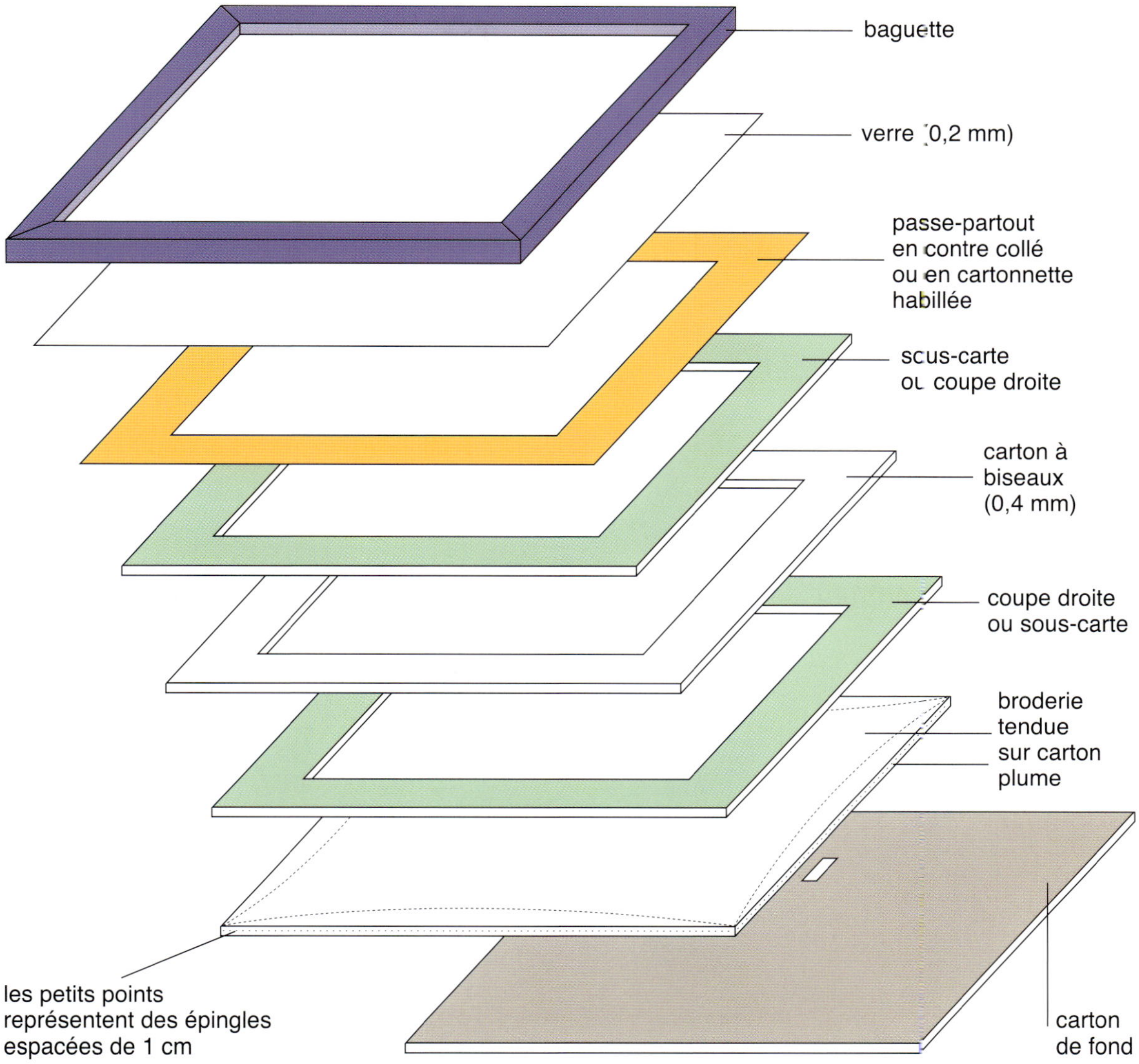

Ce schéma est un schéma de base pour un encadrement classique. L'emplacement des différents cartons, notamment de la coupe droite peut varier. Ici la coupe droite a été placée sous le biseau mais elle peut très bien se trouver au dessus du carton biseau.

que 0,4 cm (soit normalement 0,8 cm de largeur retenue).
En réalité, il faut compter avec le millimètre de recul du passe-partout par rapport au biseau et donc prendre l'habitude de compter 0,5 x 2 cm = 1 cm.

• Préférer la sous-carte aux filets car ils peuvent mal vieillir et gondoler.

tendre la broderie

• Fournitures

Carton plume
Ouatine ou molleton
Colle blanche
Épingles de 14 mm

Réalisation

• Bien repasser et amidonner la broderie.

• Après avoir choisi le type d'encadrement désiré, et déterminé les dimensions du cadre, couper le carton plume. Sa dimension sera inférieure de 3 cm à celle des autres cartons. Cela permettra de rectifier l'emplacement de la toile si elle a été mal centrée.

• Coller le molleton sur le carton plume et attendre quelques minutes.

• Centrer la toile sur le molleton sans la fixer, car il est préférable que la découpe intérieure des cartons soit faite. Cela permet de vérifier, en superposant le carton plume et le carton à biseaux, que la toile est bien centrée avant de la fixer à l'aide des épingles.

• Fixer les 4 angles puis travailler en vis-à-vis, c'est-à -dire le dessus puis le bas et enfin les côtés, tout en exerçant une légère tension sur la toile et en espaçant les épingles d'environ 1 cm.

• Lorsque les 4 côtés sont épinglés, bien rabattre la toile sur l'envers, aplatir les angles et les fixer à l'aide d'épingles enfoncées de biais dans le carton plume.

• Astuces, finitions...

• L'avantage de cette méthode sans colle, est de pouvoir éventuellement récupérer la broderie pour la nettoyer ou pour changer le cadre. L'encadrement n'aura pas alors forcément les mêmes dimensions.

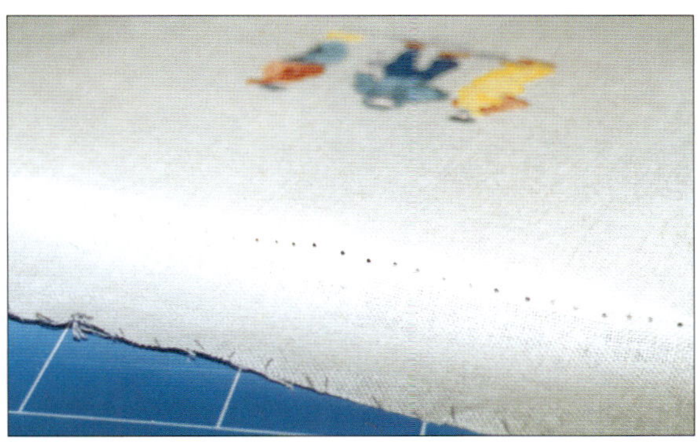

cadre

Quelque soit le type d'encadrement choisi, votre broderie sera forcément mise en valeur par un encadrement unique et à votre goût. Aucune des techniques expliquées ne présente de réelles difficultés. Il est par contre indispensable de prendre son temps à tous les niveaux de la réalisation et il ne faut pas hésiter à recommencer si le résultat obtenu n'est pas satisfaisant.

Réalisation

Pour réaliser votre cadre, il est nécessaire de respecter les étapes suivantes dans l'ordre mentionné.
En effet, la découpe de la baguette ne peut se faire qu'une fois le paquet terminé, pour en prendre les mesures exactes sur le verre.
De même, la pose de l'anneau se fait avant l'assemblage du paquet.

• Pose de l'anneau

- Sur le carton de fond de 2,5 mm, découpé aux dimensions convenues, faire un point au milieu dans le sens de la longueur et à 1/3 de la hauteur.

Prendre 0,7 mm de chaque côté de ce point puis tracer un rectangle de 4 cm.
Procéder de la même façon en descendant.

- Désépaissir ce rectangle de 1,4 x 8 cm au cutter.

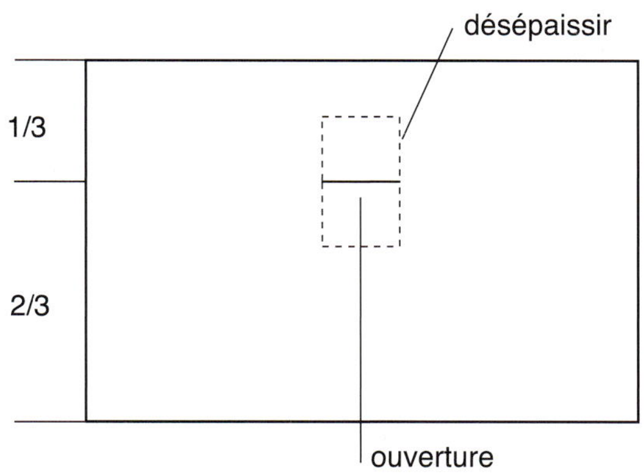

• Couper l'ouverture.

• Préparer 8 cm de tresse, enfiler l'anneau, introduire la tresse dans la fente puis séparer les deux moitiés de tresse.

• Coller sans lésiner et frapper fermement avec le marteau de façon à ce que la tresse rentre bien dans le creux.

• Confection du paquet

• Empiler les différents cartons, le fond, la broderie et le biseau avec son contre-collé, le verre préalablement nettoyé.
Serrer avec les pinces.

• Fermer le paquet en coupant quatre bandes de papier kraft aux dimensions des quatre côtés, la partie du papier kraft se trouvant sur le verre ne doit pas excéder 0,3 mm.

• Mesures du métrage de la baguette

• Calculer le périmètre du paquet :
Soit la hauteur + la largeur du paquet x 2.
Ajouter 8 fois la largeur de la baguette choisie plus 15 cm de marge d'erreur.
On compte 8 fois la largeur car on perd des centimètres à chaque inversion du sens de la coupe.

• Calcul de la coupe

Exemple de calcul pour la broderie "Le coq" (voir page 56)
26 - (0,4 x 2) + 0,3 = 25,5 cm.
C'est-à-dire : longueur du paquet, moins deux fois la feuillure, plus 0,3 mm de marge d'erreur.
Baguette vue de profil :

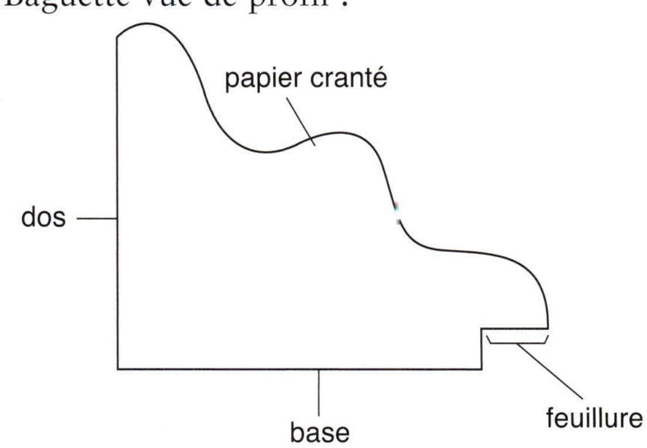

• Découpe de la baguette

Commencer par découper les grandes longueurs, car en cas d'erreur, elles serviront pour la largeur.

• Positionner la baguette dans l'appareil à onglet, bien à plat et le dos de la baguette bien appuyé sur l'appareil.

• Serrer.

• Couper le premier bout de la baguette à 45 °.

• Pour la découpe du second angle, appliquer la baguette à cheval sur l'arête de la table.

• Placer la règle graduée contre la baguette.

En entourant la baguette d'un morceau de papier kraft, la marque sera plus distincte et protégera la baguette fragile de la morsure des dents de la scie.
La marque ainsi faite permet de délimiter le second angle.

• Replacer la baguette dans l'appareil à onglet.

• Inverser le sens de la coupe.

Positionner la baguette de façon à faire coïncider précisément votre marque avec la scie.

• Couper.

Après avoir coupé la première longueur, préparer la baguette pour la mesure de la longueur suivante en inversant le sens de la lame.
Procéder de la même façon pour les autres coupes.

• Collage de la baguette

• Une fois les découpes faites, poncer légèrement les angles de façon à enlever tout éclat de bois et de résidu pour une bonne prise de la colle.

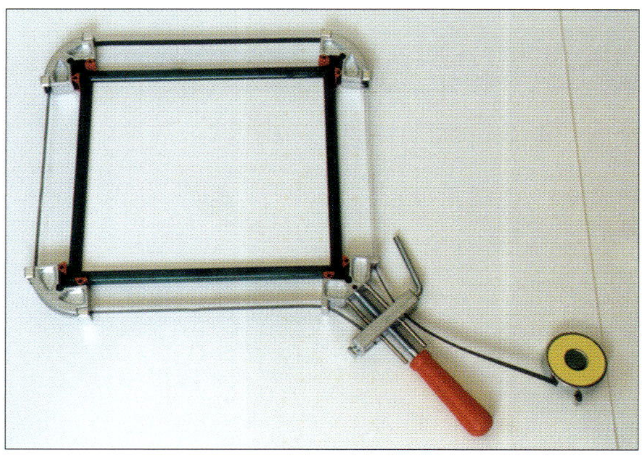

• Positionner les baguettes dans la presse. Serrer et vérifier que les jointures des angles sont parfaites.
Relâcher un peu le serre-joint.

• Prendre la première coupe et, à l'aide d'un pinceau, encoller les deux angles. Replacer dans la presse.

• Recommencer l'opération pour les trois coupes suivantes. Serrer la presse en veillant à ce que les angles soient bien ajustés.

Avec un chiffon humide, enlever le surplus de colle. Le temps de prise dépendra de votre type de colle à bois.

• Une fois votre baguette bien sèche, centrer votre paquet à l'intérieur.

• Le paquet bien positionné, enfoncer deux clous sur chacun des côtés.

Tout d'abord, enfoncer légèrement le clou droit puis à l'aide du chasse-clou, inclinez-le de façon à l'enfoncer dans la baguette, suffisamment pour qu'il ne touche pas le verre.

Si la feuillure de votre baguette n'est pas suffisamment profonde pour recouvrir l'arrière du paquet, enfoncer vos clous dans le bois parallèlement au paquet.

Vous pouvez aussi utiliser des tasseaux fins collés en quinconce autour du paquet sur le dos de la baguette et dans lesquels vous pourrez clouter.

• Cela terminé, coller des bandes de papier kraft sur la jonction du paquet et du talon de la baguette.

• Assemblage du cadre

• Poser l'anneau sur le carton de fond.

• Centrer puis coller le carton plume sur le carton de fond.

• Ajouter le passe-partout collé au carton à biseaux, le verre bien propre. Ajuster le tout, serrer à l'aide des pinces.

• Faire le paquet.

• Couper les baguettes, assembler.

équerrage des cartons

Première étape de découpe, elle est également très importante. En effet, il est indispensable que tous les cartons soient bien équerrés, c'est-à-dire tous identiques les uns par rapport aux autres.

Réalisation

Une fois les calculs effectués et après avoir déterminé les différents types de cartons nécessaires à la technique choisie (carton de fond, cartonnette, carton(s) biseau...), procéder comme suit :

• Commencer par le carton de fond

• Il faut bien s'appliquer et prendre son temps car tous les autres cartons seront coupés en fonction de ce dernier.

• Toujours se servir de l'équerre lors des tracés mais couper à la règle lourde antidérapante (croquis 1 et 2).

• Ne pas oublier de faire des repères sur chaque carton de façon à les placer dans le bon ordre et dans le bon sens au moment de l'assemblage (croquis 3).

• La cartonnette

• Après avoir coupé le carton de fond, le positionner sur la cartonnette, en s'aidant de l'équerre afin que les cartons soient bien à l'aplomb l'un de l'autre.

• Ne pas oublier de faire des repères.

• Maintenir le tout à l'aide de serre-joints.

• Découpe

• Ajuster la lame du cutter en position courte. Le tenir bien droit et l'abaisser au maximum pour augmenter la surface de coupe.

• Couper la cartonnette en longeant le carton de fond (croquis 4).

croquis des cartons de fond

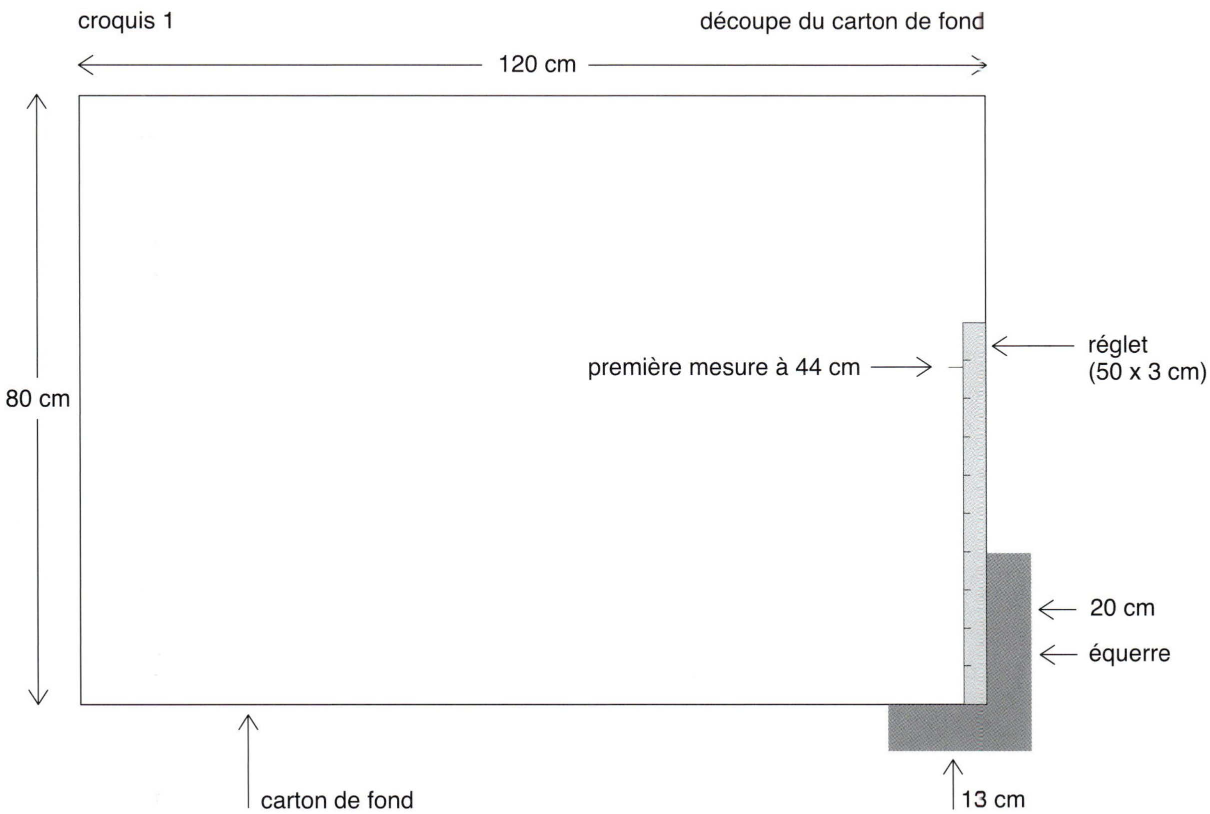

croquis 2

découpe du carton de fond

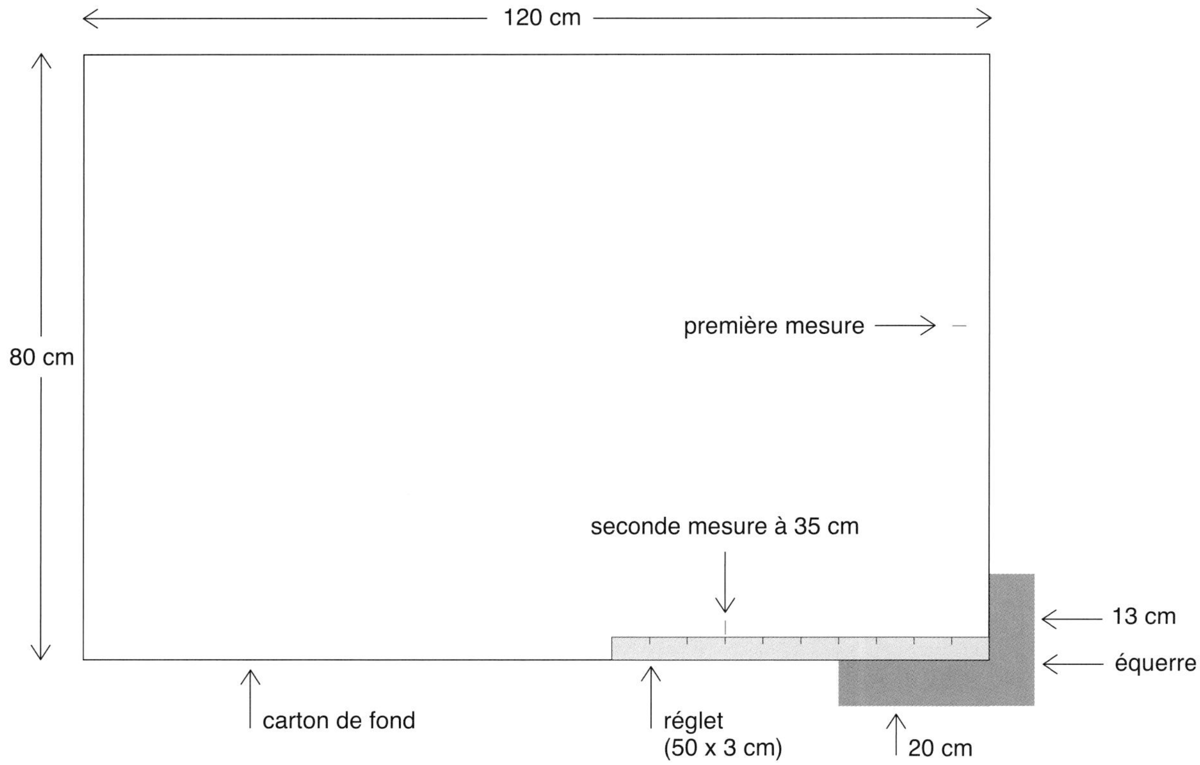

croquis 3

relier les mesures

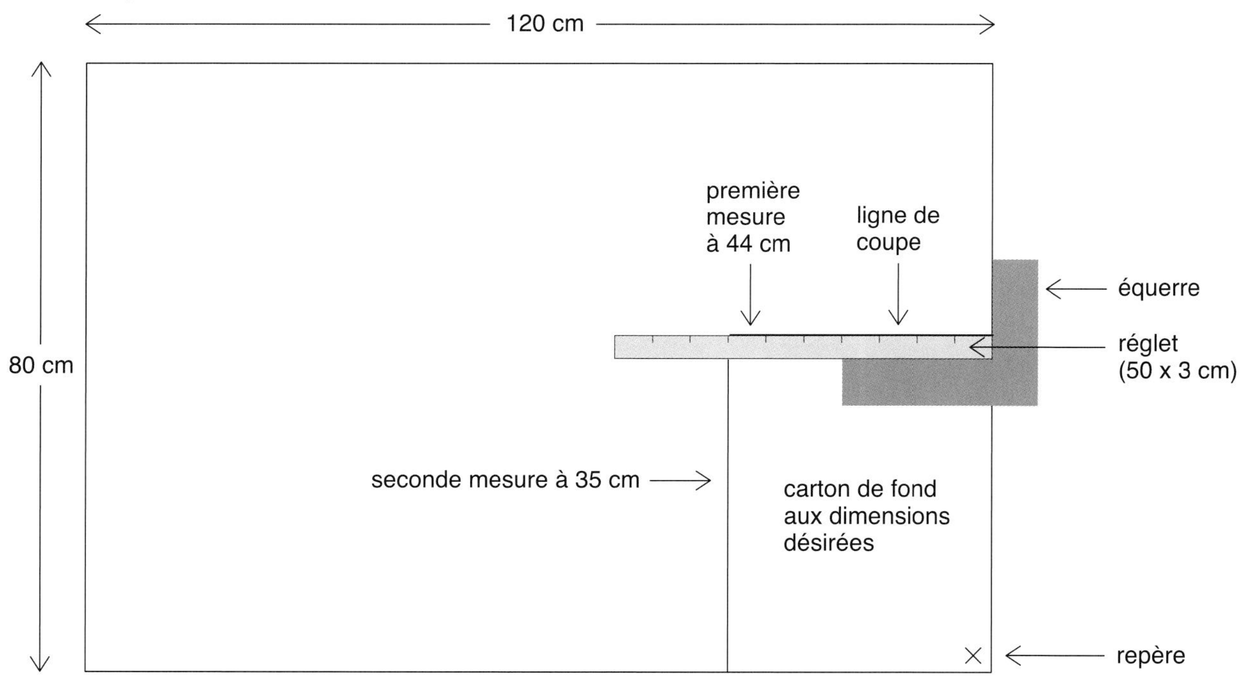

• Procéder de la même façon pour tous les cartons dont vous aurez besoin, toujours en prenant le carton de fond comme référence.

• Conseils

• Pour une meilleure assise de la main, écarter le petit doigt (comme pour boire le thé…).

• Il faut éviter de prendre l'empreinte en traçant le pourtour au crayon car l'épaisseur du trait fausse les dimensions.

croquis 4 découpe de la cartonnette

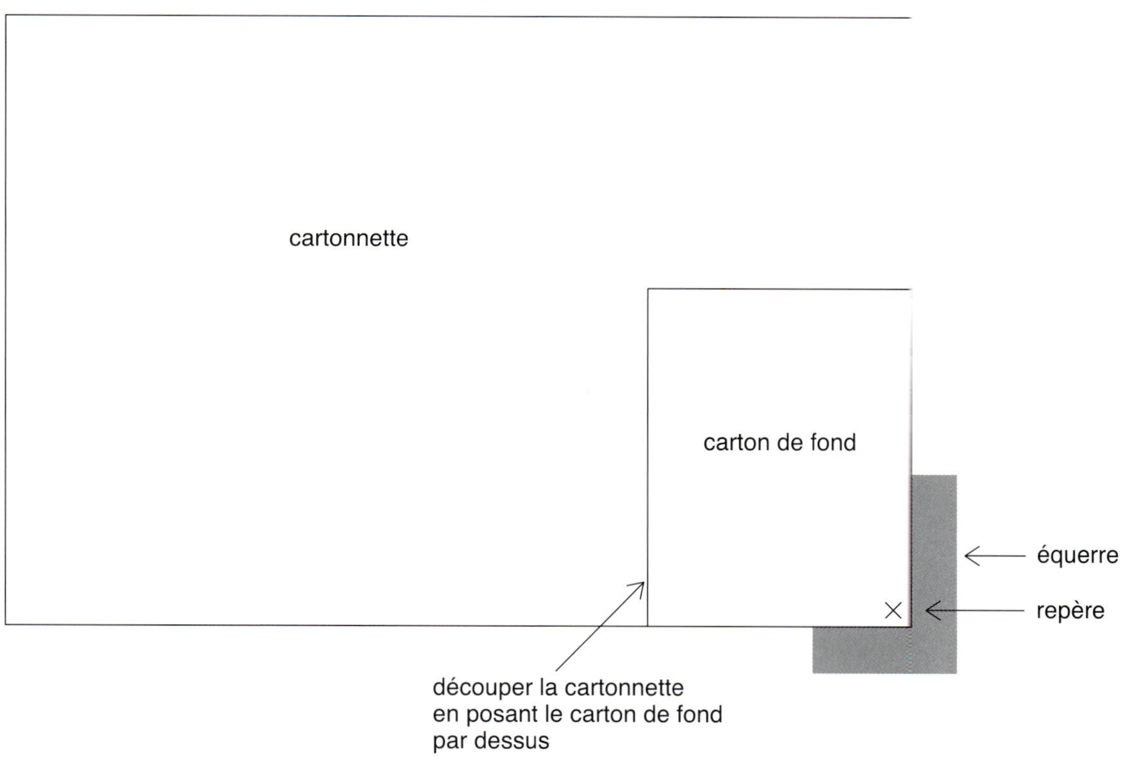

tracé et habillage du passe-partout

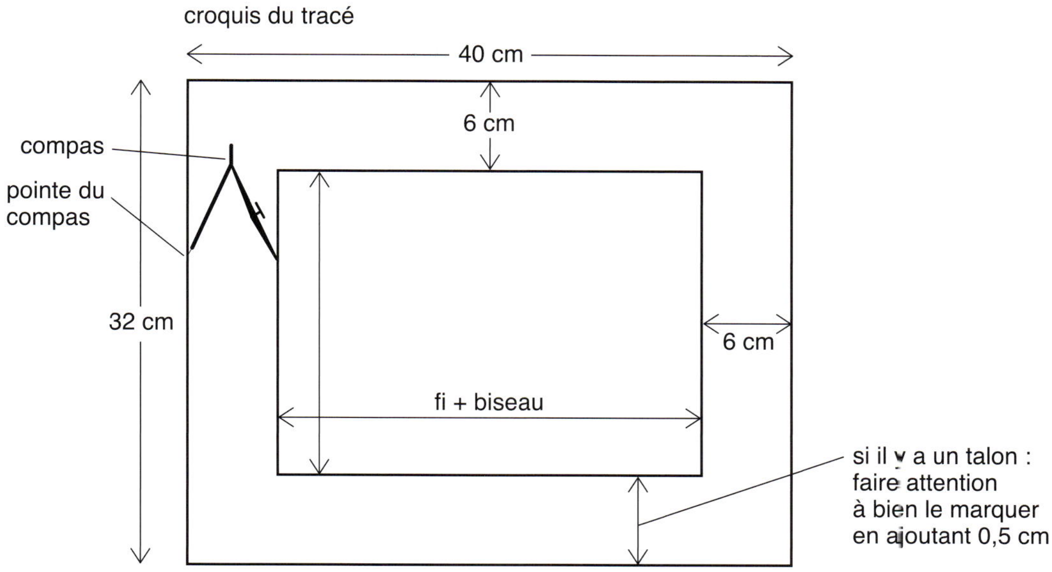

Réalisation

• Tracé

• Prendre la cartonnette de surface.

• Tracer la ou les marges souhaitées. En se servant du compas, le risque d'erreur est limité.

Si le passe-partout est en contre-collé, faire toutes les découpes avec une lame neuve sur l'envers du carton et sur une plaque de verre afin d'éviter d'arracher le papier.

• Faire la découpe interne en prenant bien soin de placer la règle lourde pour protéger son travail et pour éviter d'entamer le carton en cas de dérapage du cutter.

• Ne pas dépasser les tracés avec le cutter.

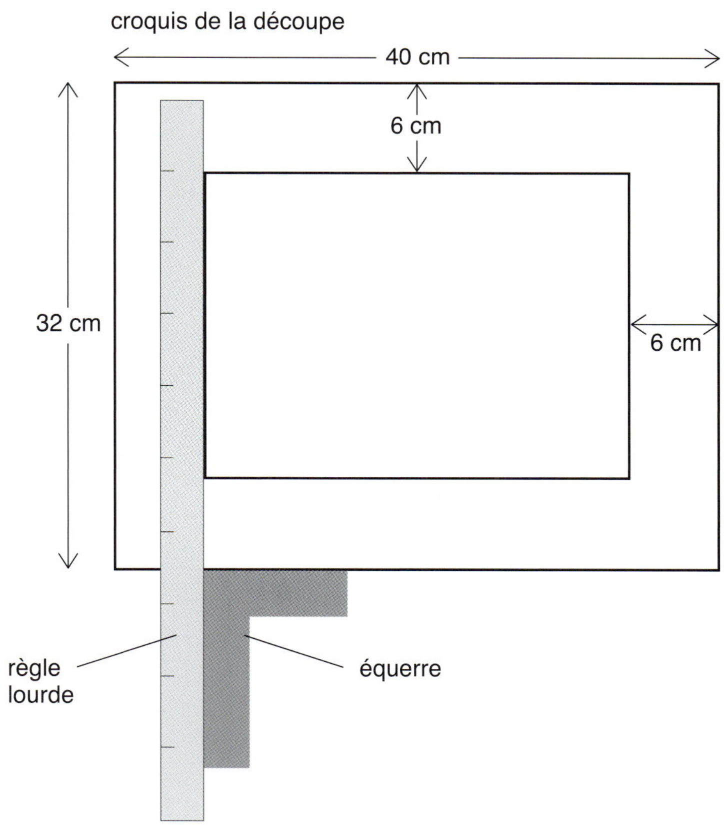

• Habillage : recto

• Avant de commencer cette étape, vérifier que tout se trouve bien à portée de main : chiffon propre, colle, pinceau rouleau, calendrier recouvert de plastique, ou plaque de verre, catalogue pour mettre sous presse.

• L'encollage doit se faire rapidement car la colle sèche vite. Si elle est épaisse n'hésitez pas à la diluer légèrement à l'eau.

• Toujours encoller le passe-partout et non le papier.

Par contre, pour certains papiers très épais style papier éléphant, il vaut mieux passer une éponge humide sur le papier afin de le détendre et éviter ainsi les bulles.

• Une fois le passe-partout ouvert, encoller uniformément, généreusement et rapidement la cartonnette à l'aide du pinceau rouleau.

• Le poser sur le papier, lisser, retourner et frotter énergiquement avec le chiffon.

• Mettre sous presse quelques minutes. Pendant ce temps, poser l'anneau sur le carton de fond (voir page 12).

• Reprendre la cartonnette de surface. Araser les bords extérieurs, doucement, le cutter bien droit, le petit doigt sorti de manière à ne pas entamer la cartonnette.

• Habillage : verso

• Au verso de la cartonnette, positionner le gabarit d'angle dans les angles internes de l'ouverture, couper sur environ 3 cm.

• Éviter de tracer au crayon car vous risquez de faire des salissures sur le papier.

• À l'aide du réglet, découper l'intérieur en gardant 3 cm de papier, soit la largeur du réglet.

• Passer le plioir le long de l'ouverture.

• Remonter le papier pour le préformer, puis rabattre les 4 côtés.

Pour cela, mettre la colle sur le bord de l'ouverture en débordant légèrement aux deux extrémités afin de bien coller les bords du papier.

• Remonter le papier au plioir en l'aplatissant fortement sur la cartonnette et en essuyant bien le plioir sur le chiffon après chaque passage pour éviter de tacher le papier.

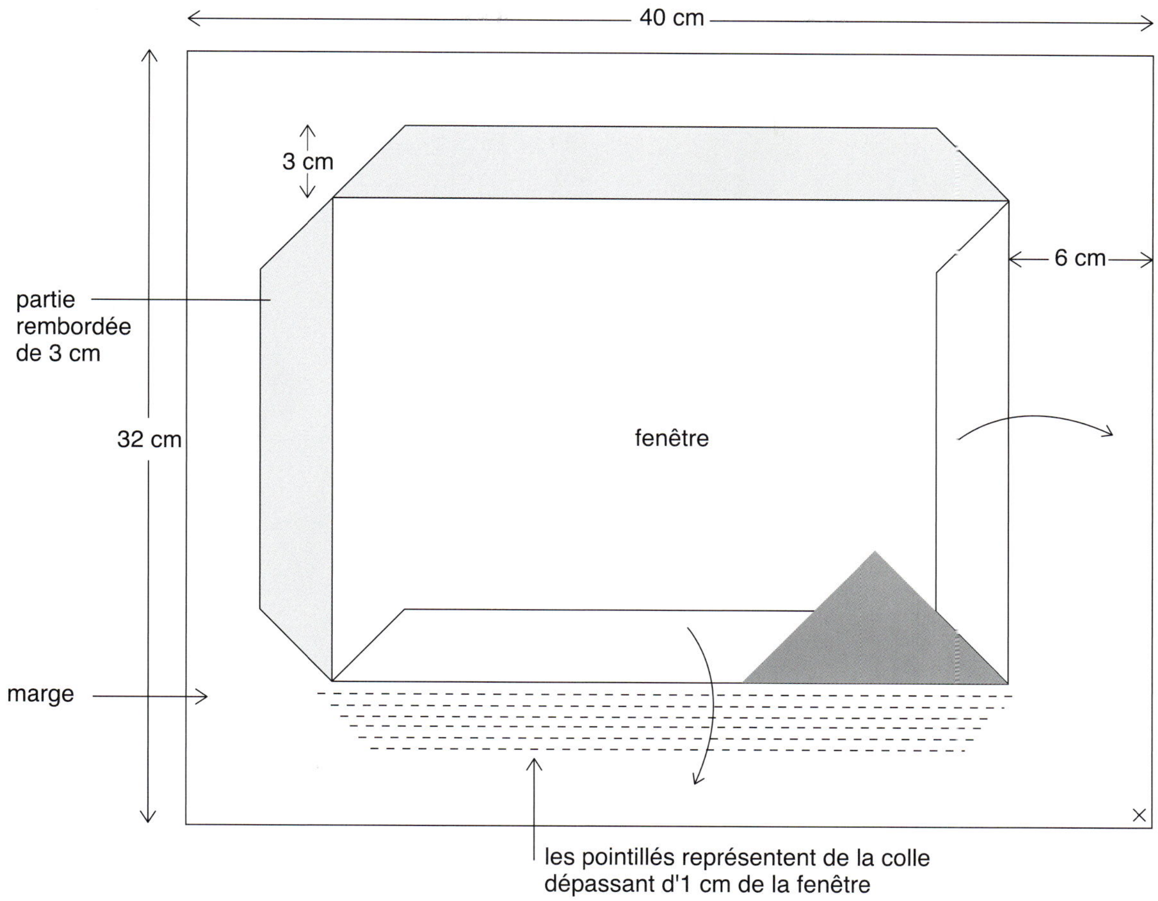

• Finitions

• Il est important que le papier soit collé uniformément.

• Bien appliquer le papier pour faire de belles finitions aux extrémités.

• Remborder les 4 côtés internes.

• Mettre sous presse quelques minutes.

tracé et habillage des biseaux à 45°

• Fournitures

Papiers
Lime à ongle
Chiffon
Épingle
Gabarit d'angle
Plioir
Réglet
Curseur à 45°

Pour la colle, préparer un pot à confiture que vous remplirez de colle à laquelle vous ajouterez quelques gouttes d'eau pour ralentir le séchage.

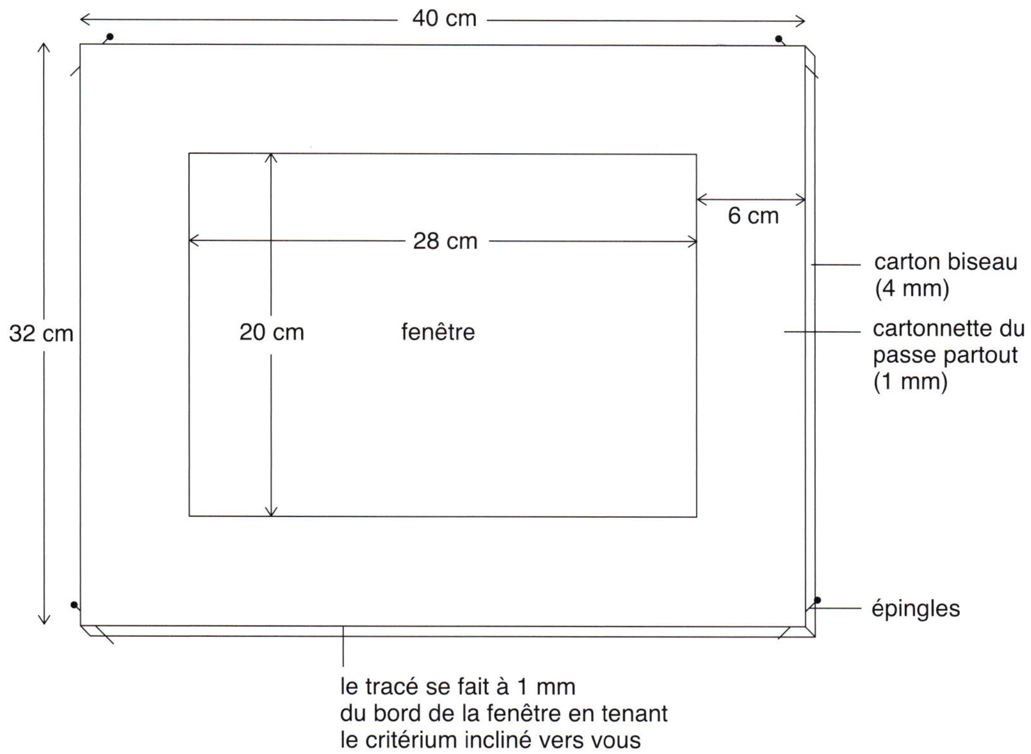

Réalisation

• Tracé

• Habiller d'abord le passe-partout (voir page 22).

• Positionner le passe-partout sur le carton biseau en faisant bien correspondre les repères.

• Maintenir les cartons à l'aide de 4 épingles fines plantées en biais aux 4 coins dans l'épaisseur des cartons.

• Prendre l'empreinte de l'ouverture en tenant le critérium légèrement incliné vers soi pour avoir le millimètre de recul du passe-partout par rapport au biseau.

Avec un critérium à épaulement, ce millimètre de recul est plus facile à obtenir.

• Placer toujours le carton de façon à faire le tracé en face de soi, le tourner à chaque tracé.

• Découpe

• Couper les biseaux à l'aide de la règle lourde munie du curseur à 45°.

• Avant de couper, mettre une chute de carton biseau sous la règle, bien la stabiliser et maintenir le carton biseau avec un serre-joint. Rien ne doit bouger.

• Vérifier que la lame du curseur se trouve bien sur le trait en abaissant la lame, et ce, sur toute la longueur du tracé, sans entamer le carton.

• Lors de la coupe, qui se fait en plusieurs passages, dépasser les tracés d'un bon centimètre. Cela permettra de rentrer les bandes d'habillage et d'obtenir de beaux angles bien nets.

Ne pas bouger la règle tant que l'on sent une résistance sur le carton.

• Passer la lime à ongle sur les coupes pour les rendre bien lisses.

• Habillage

Les biseaux vont s'habiller en vis-à-vis.

• Découper 2 bandes de papier de la dimension des grandes ouvertures + 2 cm et de la largeur du réglet, soit 3 cm.

• Découper 2 bandes de papier de la dimension des petites ouvertures + 4 cm et de la largeur du réglet, soit 3 cm.

• Plier ces 4 bandes en deux dans le sens de la longueur, bien marquer la pliure au plioir.

Grands côtés

Habiller d'abord les grands côtés car, en cas d'erreur, ces bandes serviront pour les petits côtés.

• Vérifier que les grandes bandes s'intègrent bien dans les fentes réalisées au moment de la découpe des biseaux.

Si ce n'est pas le cas, passer délicatement la lame du cutter coudé à l'intérieur de ces fentes. Si les bandes s'avèrent trop longues, les couper un peu.

• Retirer la bande.

• Encoller la pente avec la colle légèrement diluée.

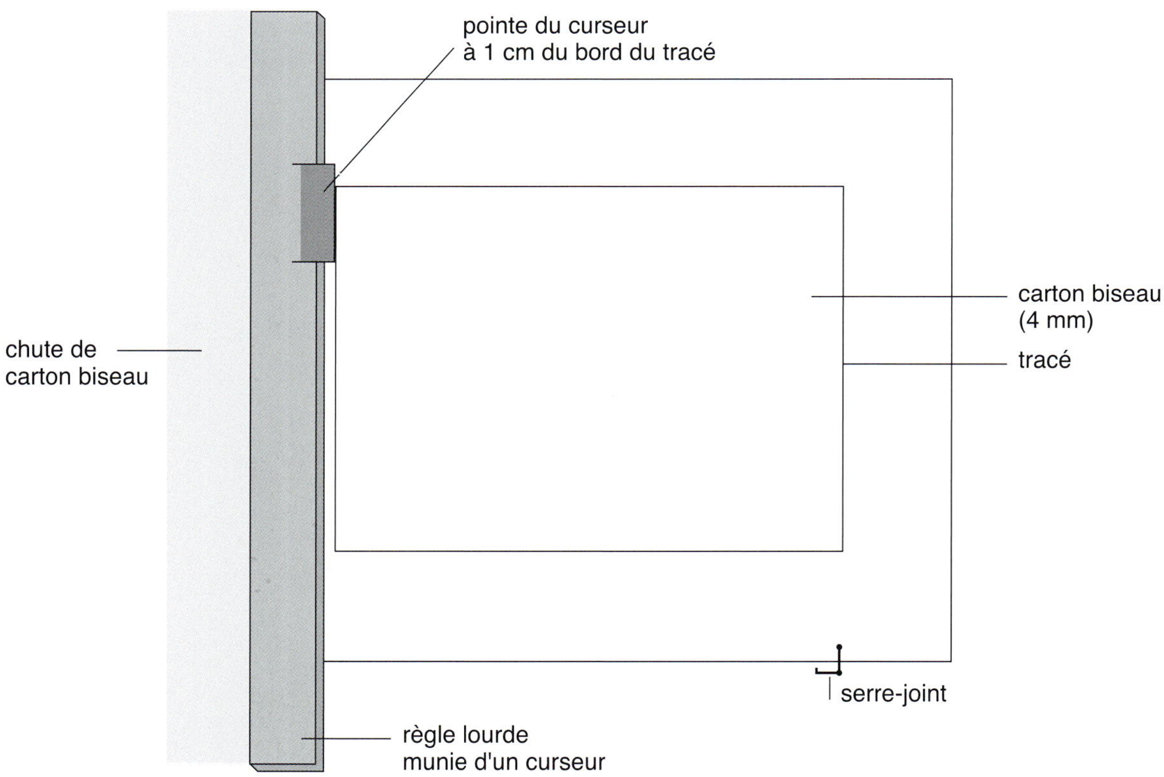

- Placer la bande. Bien l'appliquer à l'aide du plioir en le passant plusieurs fois sur la pente.
Le papier doit faire corps avec la pente.

- Encoller le dessus du carton.

- Appliquer le papier au plioir.

- Terminer par le verso.
Toujours bien essuyer le pinceau sur le chiffon.

Petits côtés

- Prendre une des deux bandes de papier.

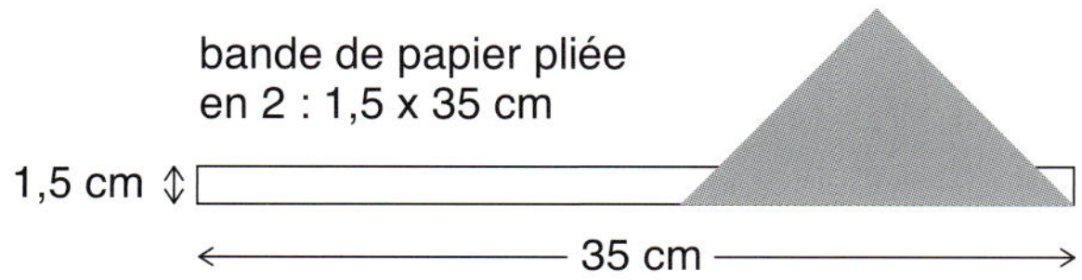

- Positionner le gabarit d'angle. L'abaisser de 3 mm pour agrandir l'angle.

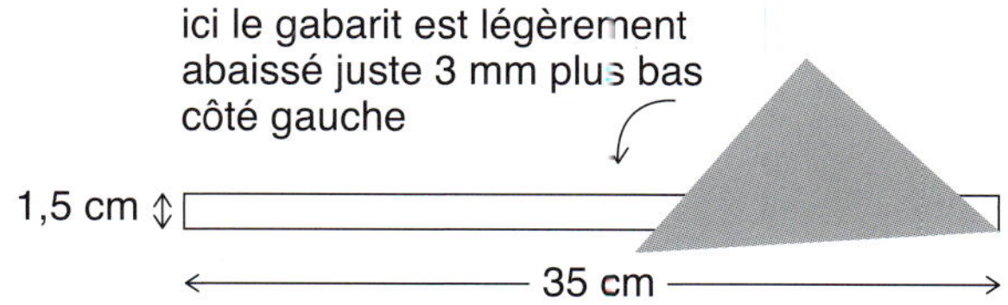

Cela permettra ensuite de l'adapter dans le prolongement de l'angle interne du passe-partout.

- Couper.

Verso du carton biseau

- Prendre la mesure exacte de l'ouverture.

- Poser la bande le long de l'ouverture.

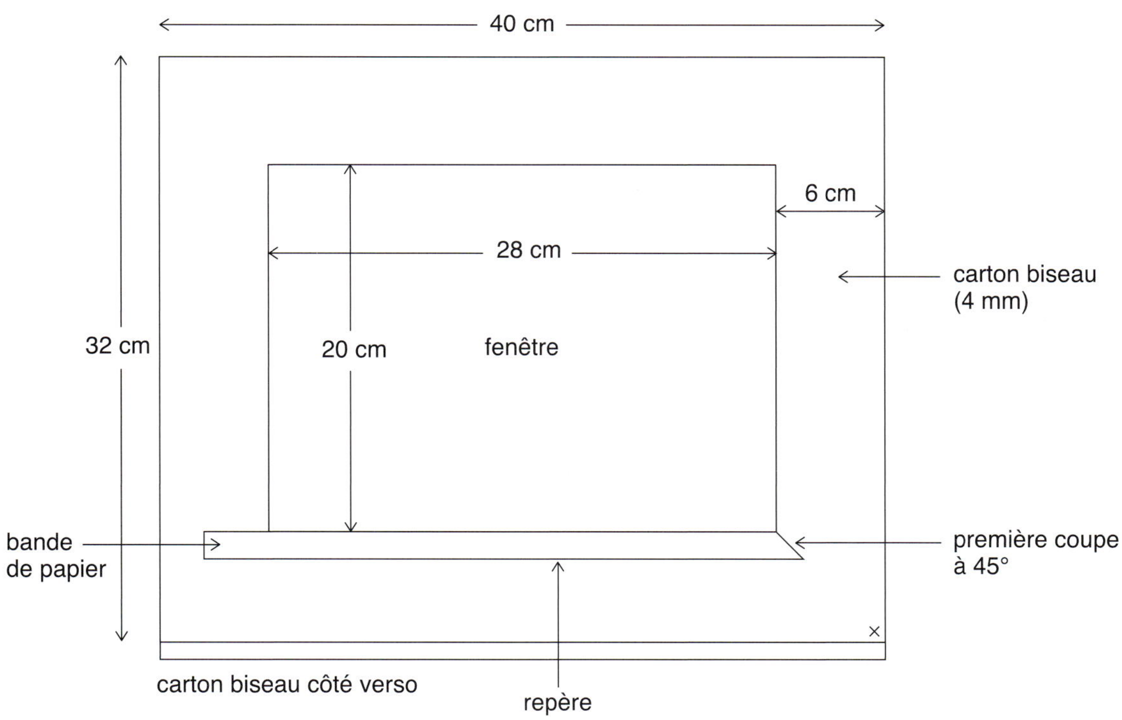

L'angle doit être coupé juste au bord de cette ouverture.

- Faire un léger repère de l'autre côté de l'ouverture.

- Retirer la bande.

- Placer le gabarit d'angle sur ce repère. Abaisser légèrement le gabarit de 3 mm, couper ce second angle.

Vérifier que la bande se positionne bien sur la pente sans laisser apercevoir le carton. Recommencer la découpe si ce n'est pas le cas.

- Procéder à la même opération avec la seconde bande.

Attention à bien faire correspondre chaque bande de papier à sa pente.

- Positionner les deux bandes de papier sans les coller.

- Poser le passe-partout en faisant attention aux repères.
Bien le centrer.

- Maintenir dans les angles externes à l'aide des épingles puis pointer très légèrement les 4 angles internes à l'aide d'une épingle.

- Retirer les bandes de papier et les recouper en faisant bien attention à ne pas entamer la base de la bande qui est de la dimension exacte de l'ouverture.

- Encoller la pente.

- Appliquer les bandes au plioir, coller le dessus de la bande puis le dessous.

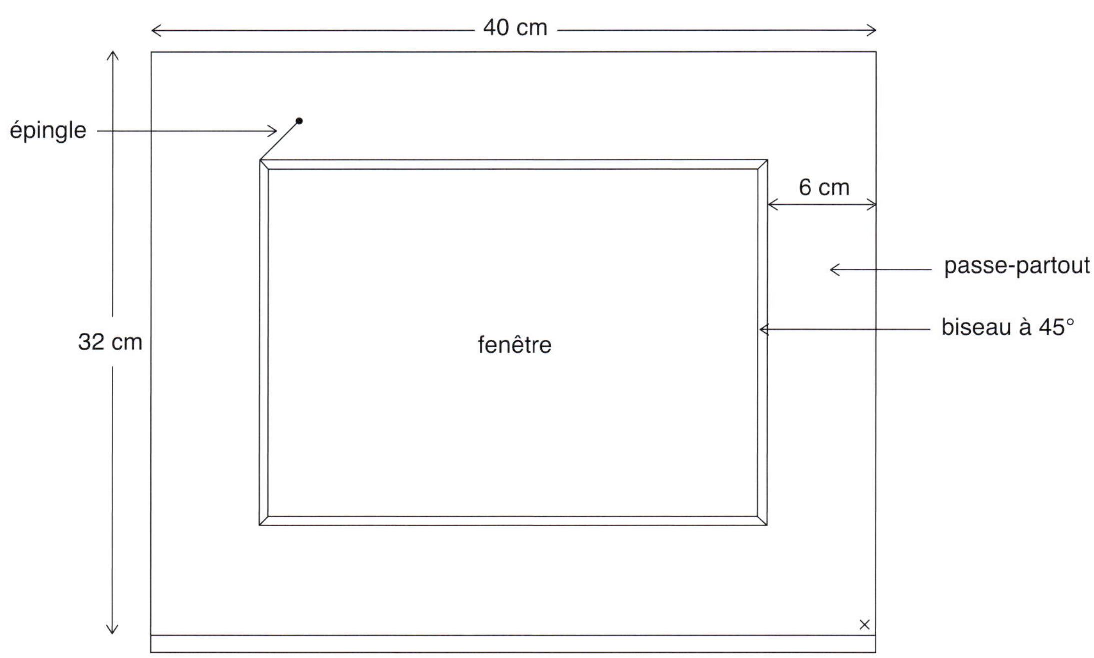

le passe-partout est posé sur le biseau et l'épingle pointe l'angle

habillage de la sous-carte et de la coupe droite

La coupe droite se fait dans du carton biseau ou du carton de fond, la sous-carte dans de la cartonnette. Leur habillage se fait de la même manière. Cependant, pour l'habillage de la coupe droite il est préférable d'encoller la tranche du carton afin que le papier l'épouse bien.

• Fournitures

Carton biseau ou cartonnette
Pinceau plat (1 cm)
Papier
Colle
Plioir
Chiffon
Réglet

Réalisation

- Découper le carton biseau ou la cartonnette.

- Couper 4 bandes de papier de la dimension des ouvertures + 2 cm et de la largeur du réglet.

- Habiller en vis à vis.

- À l'aide du pinceau plat, encoller l'ouverture en s'arrêtant à 1 cm des extrémités.

- Poser la bande de papier à cheval sur cette ouverture et appliquer au chiffon (croquis 1).

- Procéder de la même façon pour son vis-à-vis.

- Retirer le surplus.

- Retourner la cartonnette et/ou le carton biseau.

- Couper le papier au ras des ouvertures. Rabattre à l'aide du plioir puis coller entièrement le papier.

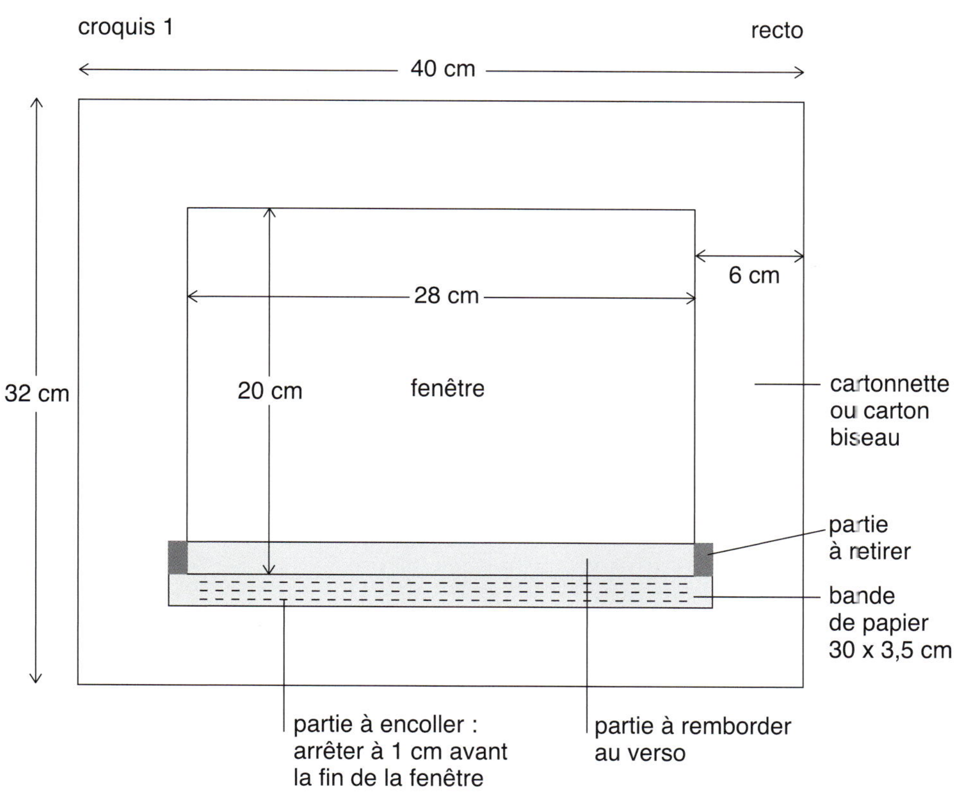

• sous-carte
et coupe droite

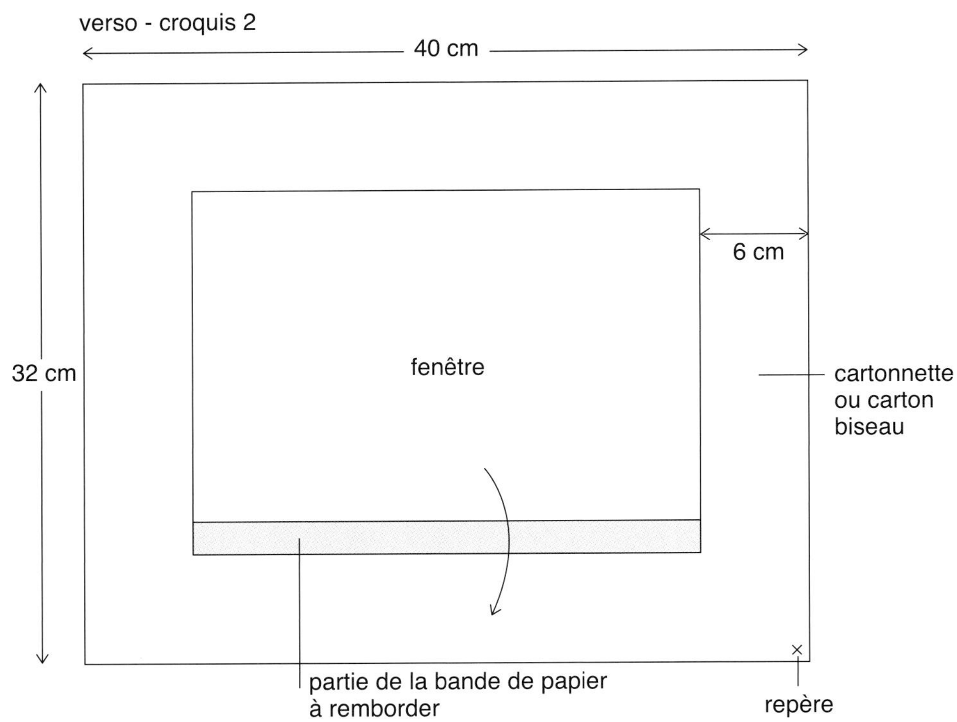

Pour les deux autres côtés : travailler sur le recto.

• Encoller les ouvertures.

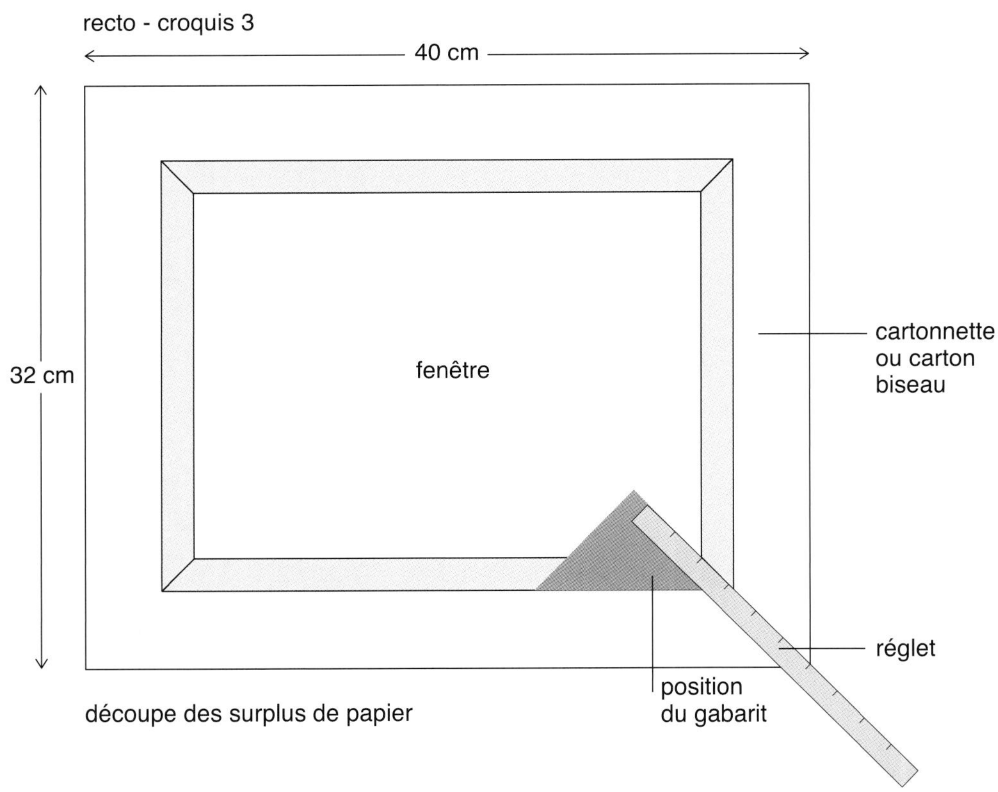

• Poser la bande de papier bien à cheval sur l'ouverture.

• Retourner (croquis 2).

• Couper.

• Coller.

• Reprendre la cartonnette ou le carton biseau côté recto.

• Couper les superpositions de papier suivant le croquis, en plaçant le réglet de façon à aligner, l'angle externe de la cartonnette et son angle interne (croquis 3).

• Couper le papier à l'aide du cutter. Essayer de garder la main légère afin de ne pas entamer la cartonnette.

• Retirer les petits morceaux de papier puis coller les angles.

relief sous passe-partout

Cette technique permet de reproduire sur le passe-partout des détails issus du thème de la broderie ou du document et personnalise encore davantage le travail. Elle convient aussi bien aux broderies classiques qu'à celles plus modernes ou naïves.

• Fournitures

1 cartonnette coupée et ouverte

Chutes de cartonnette

Papier calque (facultatif)

Colle diluée qui évitera un séchage trop rapide du papier

Papier cristal : papier transparent qui évite de déchirer le papier d'habillage

1 pointe à embosser

Papier

Papier de verre fin

Les reliefs peuvent se trouver au milieu du passe-partout, dépasser sur les biseaux ou encore faire le tour de l'ouverture.

Les motifs peuvent être calqués strictement sur la broderie ou bien être créés selon son imagination.

Mais il est aussi possible de se servir de cordelettes, de végétaux bien secs…

• Choix du papier

• Éviter les papiers japonais, végétaux… trop épais ou trop fins. Le papier vergé est parfait pour cette technique. En règle générale, il faut un papier de 100g/m².

• Les reliefs ressortent mieux sur un papier clair. Pour un meilleur effet, il faut un passe-partout ayant une marge d'au moins 6 cm.

Cette technique peut se marier avec tous les types de biseaux et toutes les formes de passe-partout.

Commencer par un travail simple pour le premier essai.

Réalisation

• Après avoir choisi le ou les motifs, les reproduire sur le papier calque puis sur une chute de cartonnette.

• Découper soigneusement au cutter (un scalpel est parfait).

• Passer légèrement le papier de verre sur les pourtours afin d'ôter d'éventuels becquets.

• Ne pas oublier d'effacer les traits de crayon qui ne manqueront pas de réapparaître lors du collage du papier.

• Coller les décors sur le passe-partout.

• Laisser bien sécher.

Préparer la pointe à embosser, le chiffon et le papier cristal.

• Encoller généreusement le passe-partout, le poser sur le papier. Retourner.

• Bien appliquer au chiffon en insistant sur les reliefs, puis façonner rapidement les reliefs en posant le papier cristal dessus.

• Façonner le premier relief à la pointe à embosser une première fois.

• Passer aux autres reliefs puis revenir sur chacun pour affiner la forme.

• Plusieurs passages peuvent être nécessaires car il faut éviter d'appuyer trop fort.

• Éviter les dérapages, les papiers marquent facilement.

• Terminer l'habillage du passe-partout et passer aux étapes suivantes de votre encadrement.

gainage des baguettes

Cette technique permet d'harmoniser soit les tons, soit les motifs de la baguette, avec ceux des biseaux, du passe-partout, ou de la broderie. Pour une première expérience, préférer une baguette ne comportant pas trop de moulures afin de faciliter la pose du papier.

• Fournitures

Baguettes en bois brut
Si elles sont peintes, il faudra les poncer pour mieux faire adhérer la colle
Papier
Colle blanche
Plioir
Chiffon
Vernis ou cirage incolore

Éviter le papier épais ou rigide type canson lorsqu'il y a des moulures sur la baguette ; préférer un papier fait-main ou tout autre papier assez malléable et facile à travailler.

Réalisation

• Faire la découpe des baguettes comme indiquée page 14.

• Ne pas oublier de passer le papier de verre sur les coupes.

• Découpe des bandes de papier

• Prendre la mesure de la largeur de la baguette en faisant le tour de celle-ci avec un morceau de papier kraft ou même à l'aide d'une tresse.

Vous obtiendrez ainsi la bonne largeur, moulures comprises.

• Couper ensuite 4 bandes de même largeur. Pour la longueur, ajouter 3 cm à la longueur de chacune des baguettes préalablement coupées.

• Commencer par encoller la feuillure de la première baguette, y appliquer la bande de papier.

• Laisser dépasser 1,5 cm à chaque extrémité.

• Bien lisser au plioir.

• Mettre de côté et recommencer l'opération pour les trois autres baguettes.

• Reprendre la première baguette, l'encoller puis appliquer le papier soigneusement à l'aide d'un chiffon propre, bien marquer les moulures.

• Bien lisser le papier à l'aide du chiffon : il doit faire corps avec la baguette.

Attention à ne pas déchirer le papier.

• Procéder de la même façon pour les trois autres baguettes.

• Une fois le papier bien sec, couper le surplus de papier en laissant environ 0,5 cm, puis cranter le reliquat de papier à la façon des couturiers pour que les crans ne se chevauchent pas au moment de l'assemblage final.

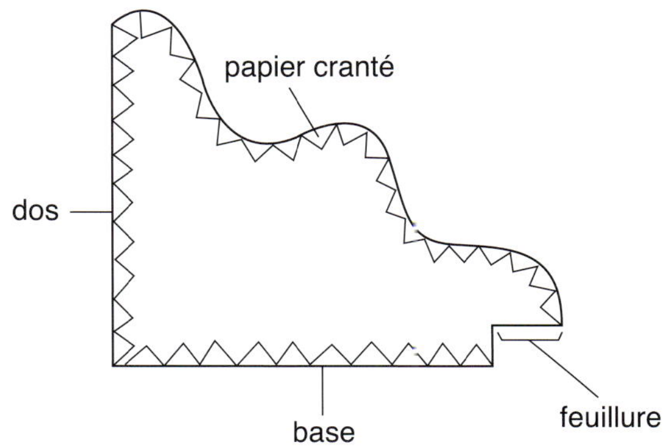

• Rabattre les crans et les coller.

• Bien appliquer au plioir.

• Laisser sécher puis assembler les baguettes (voir page 14).

• Une fois la baguette assemblée et avant de la fixer au paquet, passer soit un vernis soit un cirage incolore de façon à protéger le papier de la poussière.

Cela assure également une meilleure tenue de la couleur du papier. Cette couche fait office de pellicule de protection.

baguettes en carton plume

Cette technique permet, comme pour la technique de gainage des baguettes, de retrouver les tons, nuances ou motifs de la broderie sur la baguette et de personnaliser ainsi son travail.
Elle permet également de faire des encadrements ronds, triangulaires...

• Fournitures

1 plaque de carton plume de 1 cm

1 cartonnette

1 carton biseau aux dimensions définies plus haut

Colle

Papiers

Le dessus du cadre et la tranche intérieure sont, soit d'une même couleur soit d'une couleur différente

Vernis ou cirage pour la protection du papier

Le travail se fait une fois le paquet fermé. La pose des baguettes en carton plume étant la dernière étape de votre encadrement.

Réalisation

• Pour l'encadrement "Saut de mouton" par exemple, le paquet mesure : 38,7 x 25,2 cm.

Le cadre aura les dimensions suivantes :
Longueur : 38,7 cm + 5,4 cm, soit 44,1 cm
Largeur : 25,2 cm + 5,4 cm, soit 30,6 cm.

• S'il s'agit d'un encadrement rond, faire la même opération mais en ne prenant que le diamètre du cadre.

• Si celui-ci est inférieur à 30 cm, il n'y a aucun problème pour faire tailler un verre, au-delà...

vue en coupe de la baguette

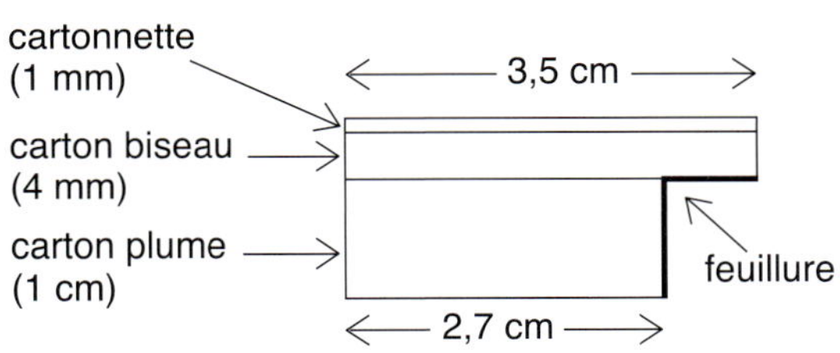

• Habillage de la cartonnette

• La cartonnette sert à habiller la baguette. La feuille de papier choisie pour cet habillage devra dépasser la cartonnette de 4,5 cm sur les 4 côtés extérieurs de la cartonnette.

S'appliquer au bon équerrage de tous les cartons (voir page 16).

• Prendre la cartonnette, y tracer une marge à 3,5 cm des bords

• Évider. Coller le papier en laissant les 4,5 cm tout autour.

• Rabattre vers l'intérieur (voir l'habillage du passe-partout, page 22).

• Découpe du carton biseau

• Prendre l'empreinte de cette cartonnette sur le carton biseau.

• L'ouvrir en tenant le cutter bien droit et en dépassant légèrement des tracés de façon à obtenir des angles bien droits et nets.

• Habiller cette coupe droite (voir page 30).

• Découpe du carton plume

• Prendre le carton plume.

• Faire une marge à 2,7 cm. L'ouvrir en s'appliquant à tenir le cutter bien droit. Le carton plume se coupe très facilement, attention donc à ne pas déraper.

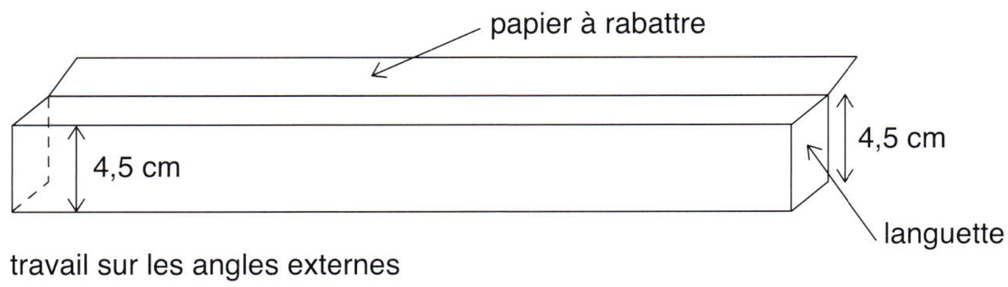

• Assemblage

• Encoller le carton biseau, y coller la cartonnette.

• Encoller le carton plume et le fixer sous le carton biseau.

• Mettre sous presse quelques minutes.

Faire bien attention à ce que tous les cartons soient parfaitement à l'aplomb les uns par rapport aux autres.

• Rabattre le surplus de papier en faisant des languettes de manière à ce que les angles externes soient bien recouverts.

• Avant de passer le vernis de protection, attendre que la colle soit bien sèche.

• Positionner votre baguette sur le paquet, krafter.

• Finitions

Il n'est pas nécessaire de clouter.
La baguette est trop légère.

habillage du sous-verre

Cette technique permet de réaliser un encadrement à moindre coût, puisqu'il ne nécessite pas de baguette. Le travail se fait une fois le paquet fermé, l'habillage du sous-verre étant la dernière étape de votre encadrement.

• Fournitures

Chutes de cartonnette
Papier
Colle
Vernis

Réalisation

• Bien fermer le paquet avec le papier kraft.

• Couper 4 bandes de cartonnette un peu plus grandes que le paquet et de largeur égale à l'épaisseur de ce paquet.
Elles doivent être légèrement plus grandes car, une fois collées, il faudra les couper à raz pour obtenir un tour parfaitement uni.

• Encoller le premier côté du paquet. Coller la 1ère bande de cartonnette en faisant bien attention à ce qu'elle ne dépasse pas sur le dessus du paquet. S'il le faut, araser les extrémités dépassant en longueur.

• Procéder de la même façon pour les trois autres côtés. Si de la cartonnette dépasse du verre, passer du papier de verre dessus pour qu'elle s'aligne parfaitement sur le bord du verre.

• Habillage des côtés

• Grands côtés : couper 2 bandes de papier de la longueur de ces côtés + 2 cm et de largeur équivalente à l'épaisseur du paquet + de 2,5 cm. Un débord de 0,5 cm ira se coller sur le dessus du cadre. Un autre de 2 cm ira se rabattre au verso du paquet.

• Procéder de la même façon pour les petits côtés, avec les mêmes dimensions pour les débords.

• Avec le compas pointe sèche, faire un léger tracé sur chaque bande à 0,5 cm du bord puis un second équivalent à l'épaisseur du paquet.

• Bien marquer les pliures en plaçant le réglet le long de chaque tracé et relever le papier à l'aide du plioir, pour que les bandes soient bien préformées.

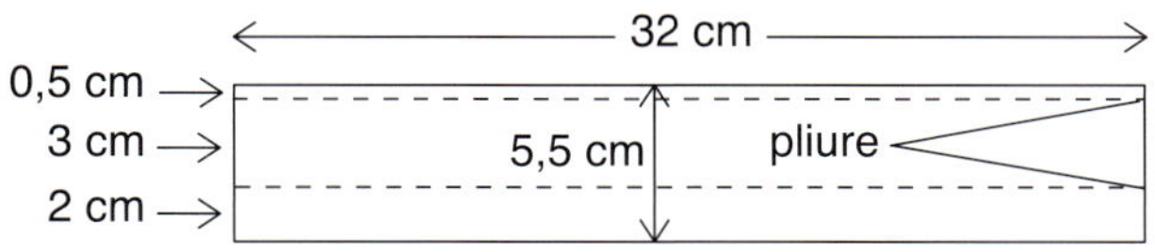

• Encoller le premier grand côté du paquet.

• Appliquer la partie la plus large de la bande de papier, bien aplanir au chiffon. Cette bande de papier doit dépasser du paquet de 1 cm à chaque extrémité.

• Découper les languettes puis les coller sur la tranche du paquet.

• Coller le papier sur le verso de ce paquet. Le débord de 0,5 cm sur le dessus du paquet ne se collera qu'au dernier moment, une fois tous les angles coupés à 45°.

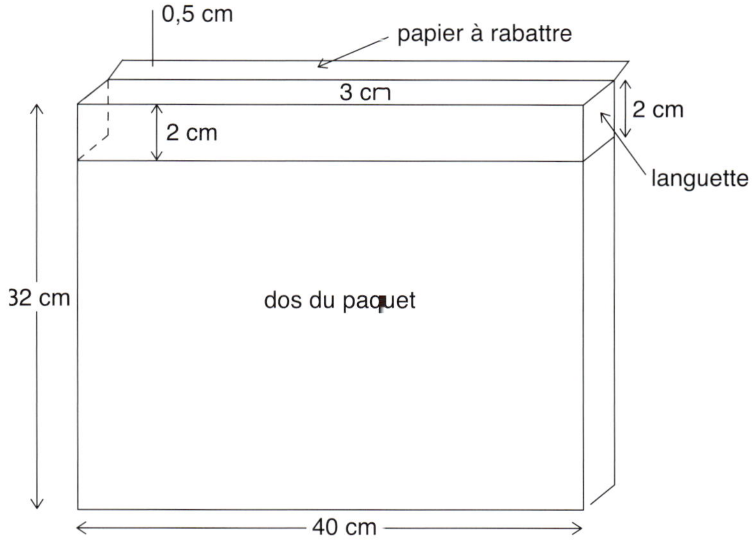

• Procéder de la même façon avec son vis-à-vis.

• Coller les deux petits côtés et araser le surplus de papier dépassant des extrémités, bien à l'aplomb des grands côtés.

Reprendre le paquet côté recto.

• Positionner le gabarit d'angle sur l'angle extérieur où les papiers se chevauchent. Couper d'un coup sec.

• Retirer les petits morceaux de papier restant dessous. Procéder de la même façon avec les 3 autres angles.

• Avec un petit pinceau, coller le papier sur le verre avec la colle blanche. Bien appliquer au chiffon.

• Une fois la colle bien sèche, passer un vernis ou un cirage incolore afin d'assurer la protection du papier.

double ouverture

Bon vent et retour de marché
Cette technique comprend deux ouvertures avec biseaux anglais et sous-carte. La baguette est gainée du même papier que celui utilisé pour les biseaux.

• Fournitures

2 cartons plume (un pour chaque broderie)
1 carton de fond
2 cartonnettes pour les passe-partout
1 carton biseau
Papier
Colle
Chiffon

Présentation

Cette technique permet d'encadrer ensemble deux, voire trois broderies sur le même thème.

Choisissez les modèles en fonction de leur style, de leur couleur ou de leur ambiance.

• Tableau des mesures en cm pour "Bon vent et retour de marché"

	Hauteur	Largeur
Fenêtre image	13	30
Sous-carte (0,2 x 2)	0,4	0,8
Biseaux (0,5 x 2)	1	2
Passe-partout (5 x 2)	10	15
Total	23,4	47,8

Réalisation

• Tracé

• Suivant vos dimensions, couper le carton de fond, les 2 cartonnettes, le carton biseau.
Les 2 cartons plume mesurent 18 x 36 cm, soit fi + biseau + 4 cm.

• Prendre un soin particulier à l'équerrage des cartons (voir page 16).

• Tendre les deux broderies sur les cartons plume (voir page 10).

croquis des mesures avec placement de la règle lourde

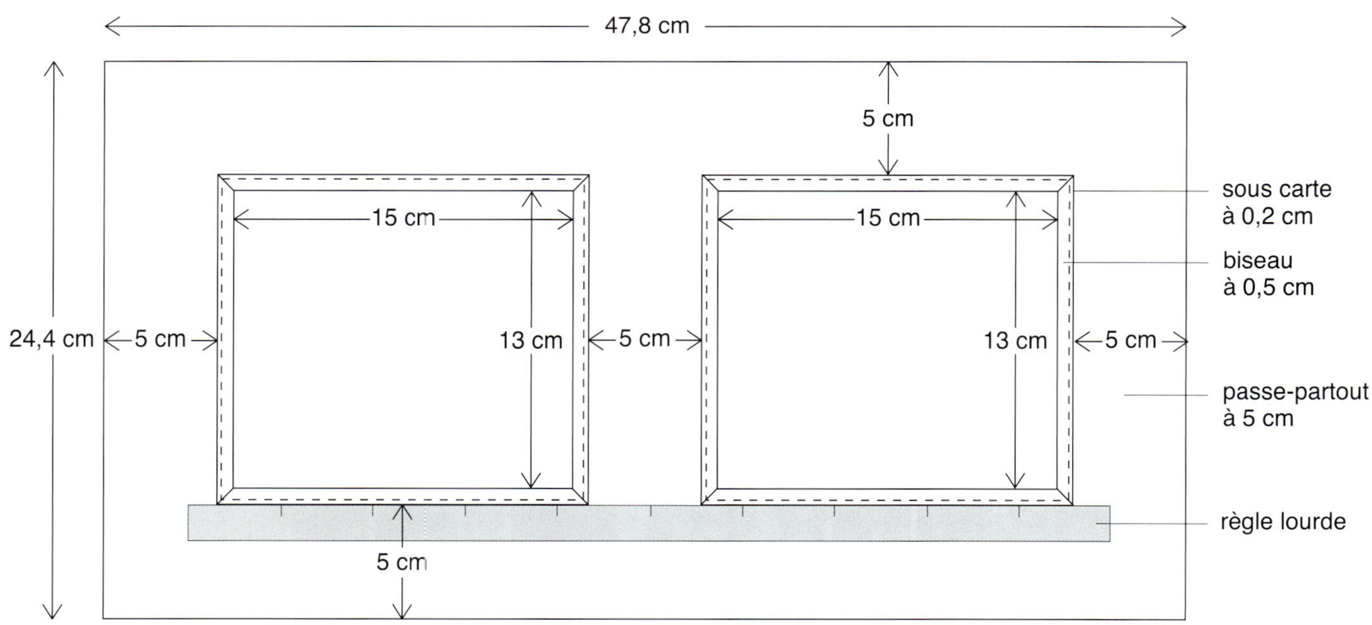

• Tracé et habillage du passe-partout

• Prendre la première cartonnette (cartonnette de surface), y tracer la marge souhaitée et découper.

La règle lourde doit être placée de façon à ne pas couper le passe-partout en cas de dérapage.
Ne pas oublier d'indiquer les repères.

• Habiller cette cartonnette (voir page 20).

• Tracé et habillage des biseaux

• Prendre l'empreinte de ce passe-partout sur le carton biseau (voir page 24).
Ne pas oublier d'indiquer les repères.

• Couper et habiller les biseaux.

• Tracé et habillage de la sous-carte

• Prendre la seconde cartonnette qui sera alors la sous-carte.

• La positionner sous le carton biseau. Bien la maintenir avec des épingles pour qu'elle ne bouge pas.

• Prendre l'empreinte à l'aplomb des biseaux et la reporter de 0,2 cm vers l'intérieur.

• Couper et habiller la sous-carte (voir page 30).
Ne pas oublier d'indiquer les repères.

• Mettre sous presse
Pendant ce temps, posez l'anneau sur le carton de fond (voir page 12).

• Coller le passe-partout sur le carton biseau et le carton biseau sur la sous-carte. Se référer aux repères.

• Mettre sous presse quelques minutes.

• Encoller le dessous des cartons plume sur lesquels sont tendues les broderies (voir page 10).

• Centrer le tout en s'aidant de l'ensemble passe-partout + carton biseau et coller sur le carton de fond.

• Mettre délicatement sous presse.

• Une fois les cartons plume bien fixés, couper des chutes de cartons plume que vous collerez autour des broderies pour éviter aux autres cartons de s'affaisser (voir page 60).

• Encoller le dessus de ces chutes et poser l'ensemble passe-partout, carton biseau et sous-carte.

• Remettre sous presse.

• Finitions

• Il ne reste plus qu'à poser le verre et à faire le paquet.

• Pour cet exemple, habiller la baguette selon les indications du chapitre "gainage de la baguette" (voir page 36).

Ambiance plage
Double ouverture avec le passe-partout en contre-collé.
Les biseaux sont habillés de deux couleurs donnant une ambiance marine.
La baguette est faite en cérusé bleu.

biseaux en papiers déchirés

Saut de mouton

Le passe-partout est habillé de 3 papiers différents que l'on retrouve sur les biseaux ainsi que sur la baguette faite en carton plume. Les coupes droites sont habillées en marron foncé pour donner de la couleur et accentuer l'effet de profondeur.

• Fournitures

1 carton de fond

1 cartonnette pour le passe-partout

1 carton biseau pour la coupe droite

Papiers de type Canson, Fabriano... car ils sont légèrement pelucheux et permettent d'obtenir de jolies déchirures

Adhésif double face fin d'un cm de large

Présentation

Le technique des biseaux déchirés consiste à fabriquer des biseaux grâce à une succession de bandes de papiers déchirés de couleurs différentes.

Le papier peut être déchiré à la main comme dans "Saut de mouton" ou bien coupé au ciseau cranteur comme dans "Abécédaire de la brodeuse".

• Tableau des mesures en cm pour "Saut de mouton"

	Hauteur	Largeur
Fenêtre image	10	23,5
Biseaux (1,5 x 2)	3	3
Coupe droite (0,1 x 2)	0,2	0,2
Passe-partout (6 x 2)	12	12
Total	25,2	38,7

Réalisation

Ici, le biseau mesure au total 1,5 cm et est composé de 3 bandes de papier de 0,5 cm de couleurs différentes. Dans cet exemple, les biseaux sont installés en tournant, les uns à la suite des autres, il est possible de les installer en vis-à-vis, c'est au choix. Une variante est possible : le passe-partout en papier déchiré.

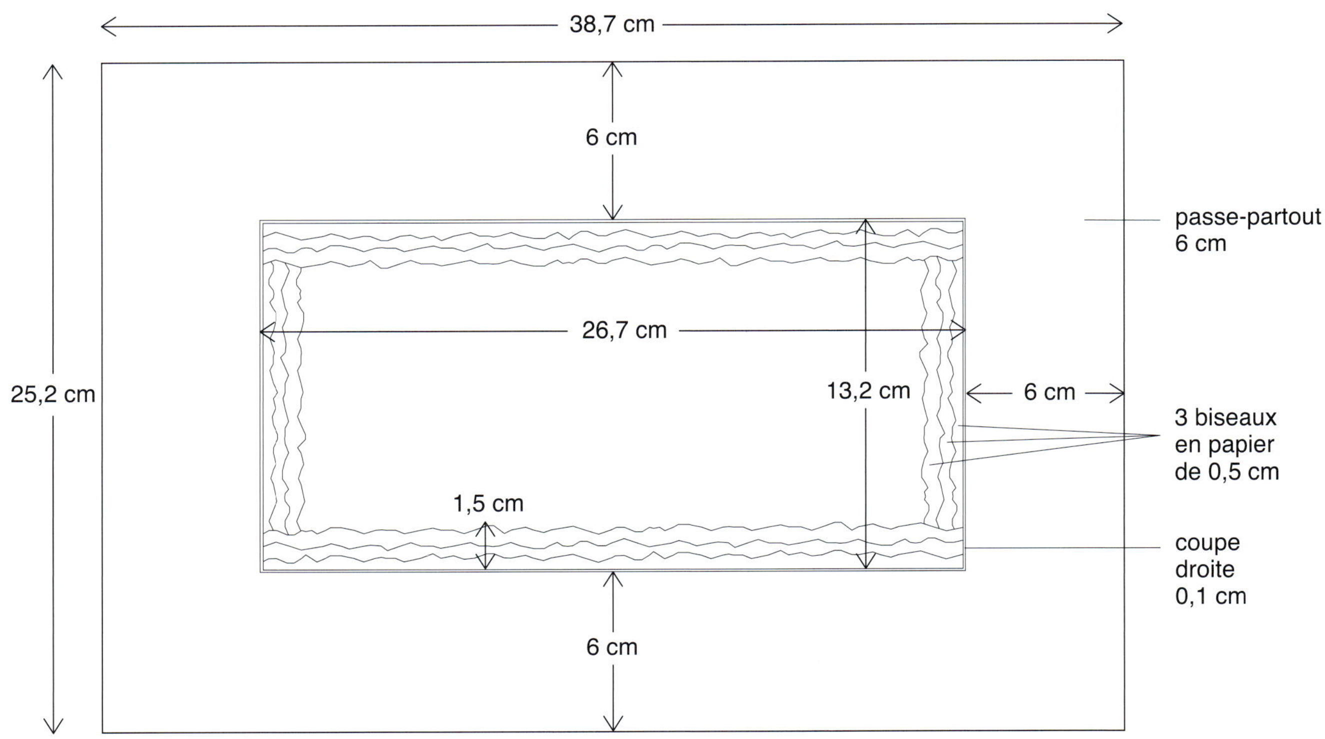

Dans ce cas, prévoir des bandes plus larges et ajouter 4 cm à la longueur.
La cartonnette de support sera ouverte d'un centimètre de moins que le passe-partout.

Par exemple, si le passe-partout en papier déchiré a une marge de 6 cm, alors faire l'ouverture de la cartonnette à 5 cm du bord.

• Passe-partout et coupe droite

• Ouvrir et habiller la cartonnette de surface.
Pour cet exemple, la coupe droite est apparente sous le passe-partout, mais ce n'est nullement une obligation.

Par-contre si vous optez pour cette version, il faut la faire maintenant (voir page 30) .

• Coller ce passe-partout sur la coupe droite.

• Découpe des papiers des biseaux

• Couper les bandes de papier aux dimensions suivantes :

Longueur : 2 bandes de 6 cm de large et de la longueur des ouvertures + 3 cm, soit 6 x 26,5 cm pour cet exemple

Largeur : 2 bandes de 6 cm de large et de la largeur des ouvertures + 3 cm, soit 6 x 13 cm pour cet exemple

• Procéder de la même façon dans chacune des couleurs choisies.

• Déchirer le papier

• Commencer par les grandes bandes.

• Les superposer dans l'ordre de son choix, en fonction des couleurs.

• Faire un léger tracé pour délimiter le milieu sur toute la longueur de la bande du dessus.

avant déchirure

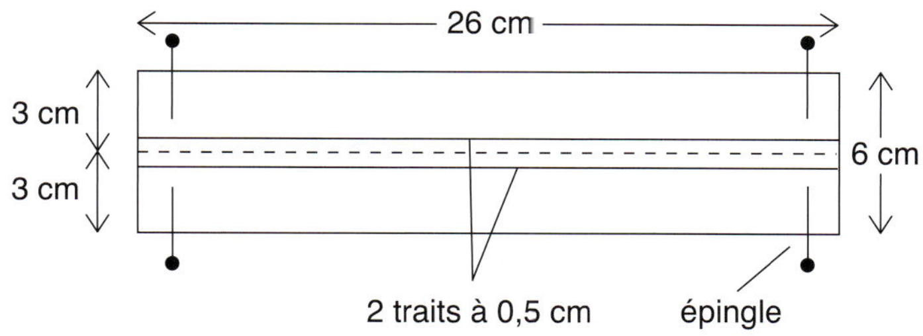

après déchirure

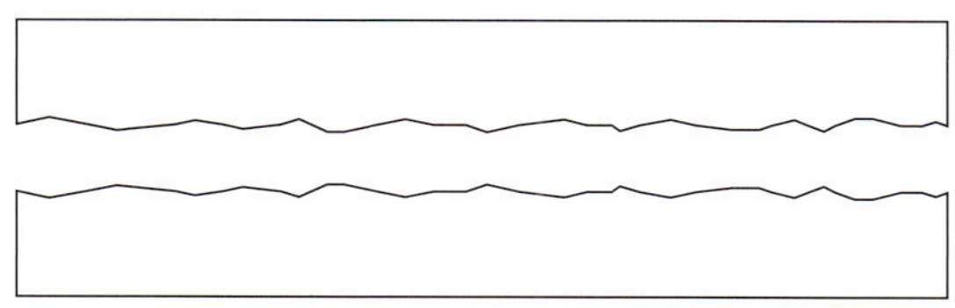

• Placer une épingle aux 4 extrémités dans l'épaisseur des cartons.

• Déchirer en suivant le tracé mais en allant alternativement à droite puis à gauche.

• Serrer plus ou moins selon l'effet désiré. Faire soit des petites déchirures ou de grandes vagues.

• Avec les trois bandes du début, l'on obtient 6 bandes pour deux côtés.

• Oter les épingles et décaler les différents papiers en hauteur d'une part car chaque couleur est prévue sur 0,5 cm mais aussi latéralement pour obtenir un effet de vagues plus visible.

• Procéder de la même façon pour les bandes plus petites.

• Pose des biseaux en papier

• Prendre la bande de papier déchiré que l'on veut placer en dernier. Cette bande est la plus éloignée du bord du passe-partout.

• Coller l'adhésif double face le long du bord inférieur.

• Superposer la seconde bande en respectant bien le décalage de 0,5 cm.

• Faire de même pour la dernière bande. Recoller de l'adhésif double face sur cette dernière bande et la fixer sous le passe-partout, ou bien comme ici, sous la coupe droite.

• Procéder de la même façon pour les trois autres côtés, soit en quinconce, soit en vis-à-vis.
Si vous le faites en vis-à-vis, laissez-les se chevaucher ou bien coupez-les aux angles à l'aide du gabarit à 45°.

• Finitions

• Poser l'anneau sur le carton de fond.

• Centrer puis coller le carton plume supportant la broderie sur le carton de fond.

• Ajuster tous les cartons, poser le verre, serrer à l'aide des pinces.

• Faire le paquet.

• Couper les baguettes, assembler.

Abécédaire de la brodeuse
Le passe-partout est habillé d'un papier de même couleur que la toile.
J'y ai collé des fils à broder de la même couleur que les biseaux qui sont eux du même ton que les lettres de l'abécédaire.
Pour trancher de ce nuancier de bleus, la sous-carte et la coupe droite sont rouges ainsi que la baguette.

ABC
de
la brodeuse
Ciseaux
Broder
épingles
aiguilles
Grille
Rubans
Perles

biseaux et passe-partout interrompus

Le coq

Passe-partout en deux parties, sur une sous-carte et des biseaux à 45°. Les deux parties du passe-partout sont habillées du même ton orangé que le coq. Les biseaux reprennent le vert de l'herbe.
Le grillage ouvert peut donner l'impression que le coq s'échappe.

• Fournitures

1 carton de fond (+ des chutes)
2 cartonnettes : 1 pour le passe-partout de surface et 1 pour la sous-carte
1 carton biseau
Papiers

Présentation

Les biseaux interrompus permettent une certaine fantaisie. Ils rythment l'encadrement du sujet en multipliant les possibilités dans le choix des couleurs, des papiers... Si ils sont espacés, il est possible d'y insérer de tous petits objets.

• Tableau des mesures en cm pour "Le coq"

	Hauteur		Largeur
Fenêtre image	13		20
Sous carte (0,2 x 2)	0,4	Sous carte (0,1 x 2)	0,2
Biseau (0,5 x 2)	1	Biseaux (0,5 x 2)	1
Passe-partout (6 x 2)	12	Sous carte du creux (0,2 x 4)	0,8
		Biseaux du creux (1 x 2)	2
		Passe-partout (6 x 2)	12
Total	26,4		36

Réalisation

• Tracés et découpes des passe-partout et des sous-cartes

• Prendre la cartonnette de surface.Tracer la marge choisie, ici elle est de 6 cm.

• Faire les tracés des découpes désirées.

• Couper et habiller chaque partie.

• Bien rabattre tous les bords internes. Placer les deux parties du passe-partout sur la seconde cartonnette.

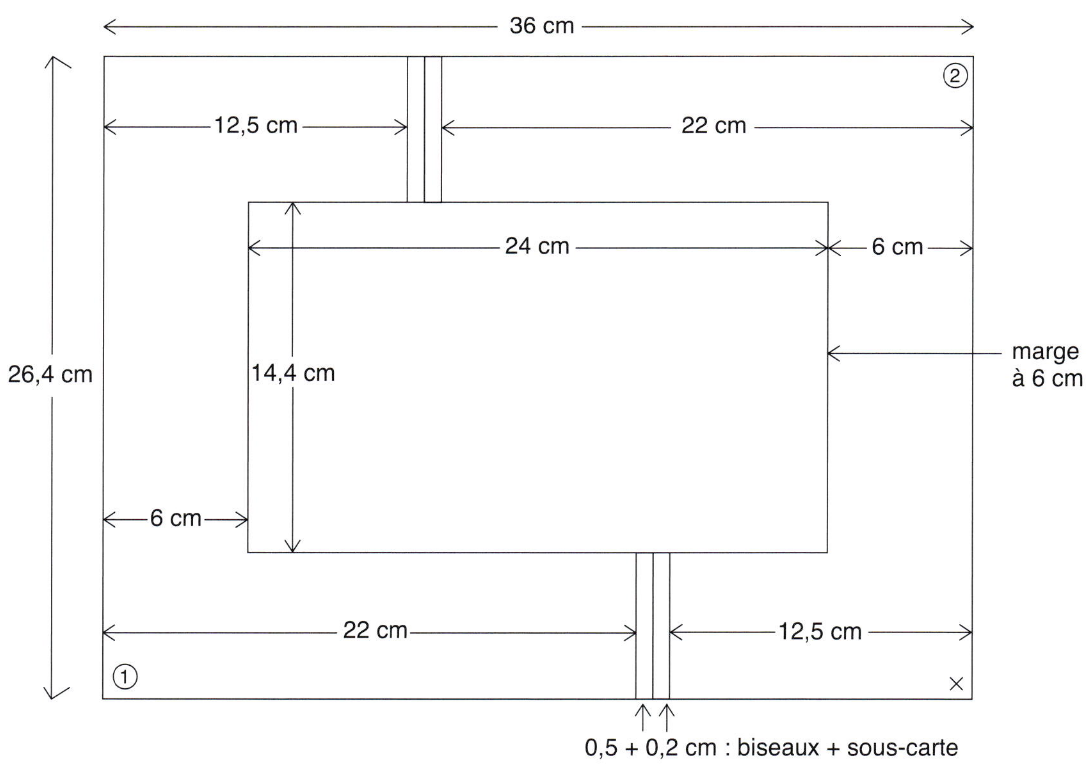

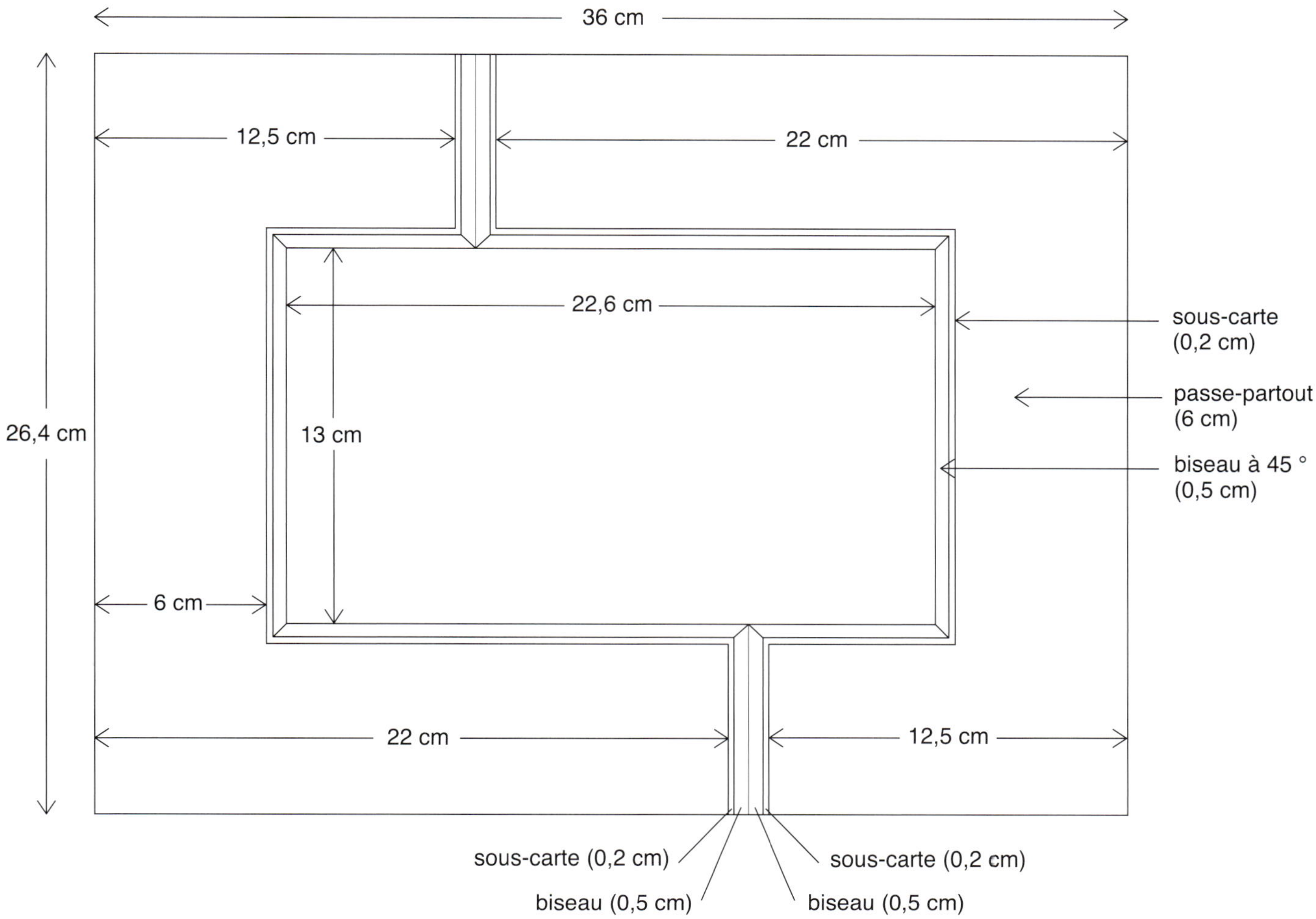

• Les maintenir à l'aide des épingles plantées en biais.

• Prendre l'empreinte, retirer les parties du passe-partout. Augmenter cette empreinte de 0,2 cm sur la seconde cartonnette.

• Couper.

Ne pas oublier de faire des repères pour que chaque partie de passe-partout retrouve sa partie de sous-carte.

• Habiller (voir page 30).

• Coller les parties du passe-partout sur les parties de la sous-carte correspondantes.

• Mettre sous presse.

• Tracé et habillage des biseaux

• Positionner le passe-partout sur le carton biseau, maintenir à l'aide des épingles.

• Prendre l'empreinte en inclinant le critérium de manière à avoir le millimètre de recul du passe-partout par rapport au biseau (voir page 24).

• Retirer les épingles et faire les repères.

• Couper les biseaux selon le schéma de la page 59.

• Habillage des angles

Faire attention aux angles des bandes d'habillage : elles doivent bien recouvrir les arêtes.

• Placer l'extrémité de la bande devant recouvrir l'arête sous la pente, l'autre extrémité rentrant dans la fente du carton biseau : il n'y a qu'une mesure à prendre.

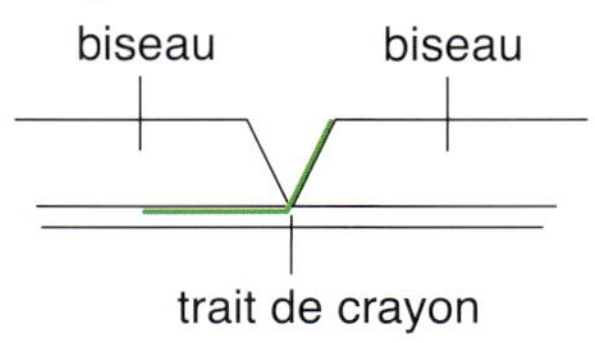

• Marquer d'un léger trait de crayon.

• Couper en plaçant le gabarit d'angle comme sur le croquis.

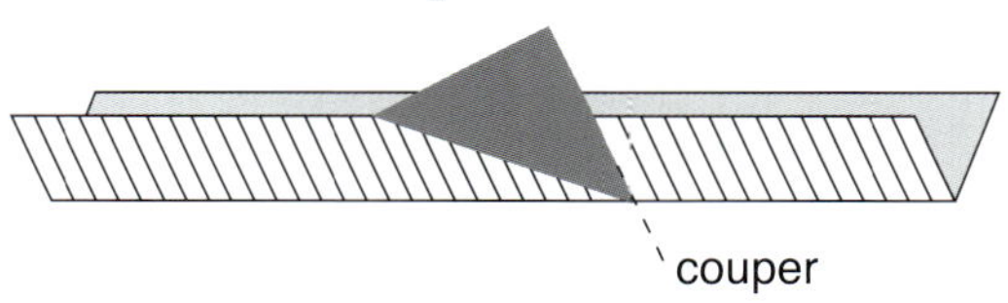

• Vérifier que l'arête soit bien recouverte avant de coller la bande.

Une fois les biseaux habillés, coller les parties de passe-partout correspondantes.

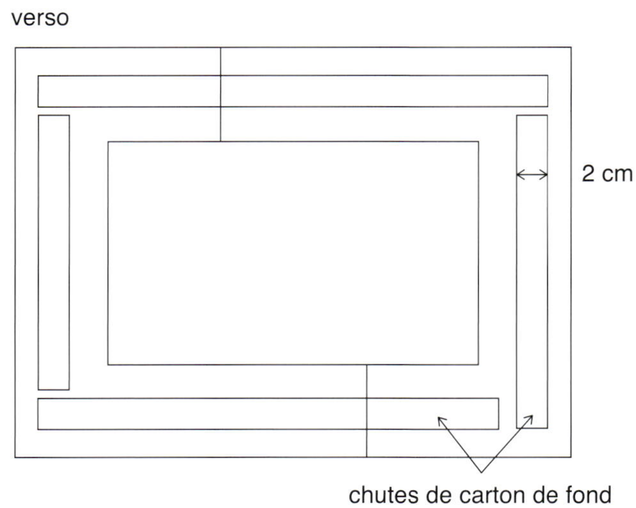

• Pour assurer le bon maintien de cet ensemble, le coller sur des chutes de carton biseau en faisant bien attention à ne pas faire dépasser ces chutes de carton qui doivent rester invisibles et servir uniquement de support.

• Finitions

• Poser l'anneau, centrer la broderie puis faire le paquet.

Sapin de Noël
Les parties du passe-partout sont habillées d'un papier rouge à motifs blancs faisant penser à des flocons.
La sous-carte est habillée de papier doré comme la coupe droite. Dans le creux sont collées des étoiles dorées. La coupe droite de 1 cm est habillée d'un papier vert à pois blanc rappelant le vert des sapins. La baguette dorée contribue à l'effet Noël.

MERRY
CHRISTMAS

gorge incurvée

Souris au lit

Le papier bleu des deux passe-partout reprend l'effet moiré du pyjama de la souris. Les papiers fantaisie habillant la gorge et les biseaux sont repris pour le gainage de la baguette, donnant un aspect encore plus fantaisie à cet encadrement.

• Fournitures

2 cartons de fond (1 pour la broderie, 1 pour le montage)

1 cartonnette pour le passe-partout

2 cartons biseaux

Papier goudron ou rigidex (éviter le bristol)

2 types de papier au moins

Si vous encadrez des documents, un seul carton de fond suffit,
car le montage des différents éléments est fixé sur le carton de fond.

Présentation

La technique de la gorge incurvée est une variante du biseau fantaisie. Elle donne une profondeur supplémentaire à l'encadrement, le creux pouvant atteindre 2,5 cm.

Cette gorge permet de jouer également avec les papiers et les couleurs du cadre. Elle peut être réalisée autour d'une broderie naïve ou classique.

• Tableau des mesures en cm pour "La souris au lit"

	Hauteur	Largeur
Fenêtre image	16	23
Biseau (0,5 x 2)	1	1
Petit passe-partout (2 x 2)	4	4
Creux (2,5 x 2)	5	5
Passe-partout (5 x 2)	10	10
Total	36	43

Réalisation

• Ne pas oublier de marquer les repères sur tous les cartons au moment des découpes et des prises d'empreinte des différentes parties car il y en a beaucoup.

• Tracés et découpes

Cartonnette (grand passe-partout)

• Prendre la cartonnette de surface. Faire les tracés du passe-partout, de la gorge et du petit passe-partout.

• Ouvrir la cartonnette au niveau de la plus petite ouverture : celle se trouvant la plus proche de la fi.

• Prendre l'empreinte de cette ouverture sur un carton à biseau puis ouvrir ce tracé à 45° à l'aide du curseur. Ne pas oublier les repères.

Carton de fond 1 (coupe droite)

• Reprendre la cartonnette et reproduire cette empreinte sur le carton de fond. Ouvrir droit.

• Habiller cette coupe droite.

Petit passe-partout

• Reprendre la cartonnette et découper le petit passe-partout déjà tracé. Il est maintenant indépendant du reste de la cartonnette. Ne pas oublier les repères.

• Le mettre de côté.

Cartons biseaux

• Prendre l'empreinte de la grande ouverture de la cartonnette sur le carton de fond 1 et sur les deux cartons biseaux.

• Ouvrir les deux cartons biseaux en coupe droite puis mettre de côté les deux pavés dont l'un est coupé à 45° à l'intérieur.

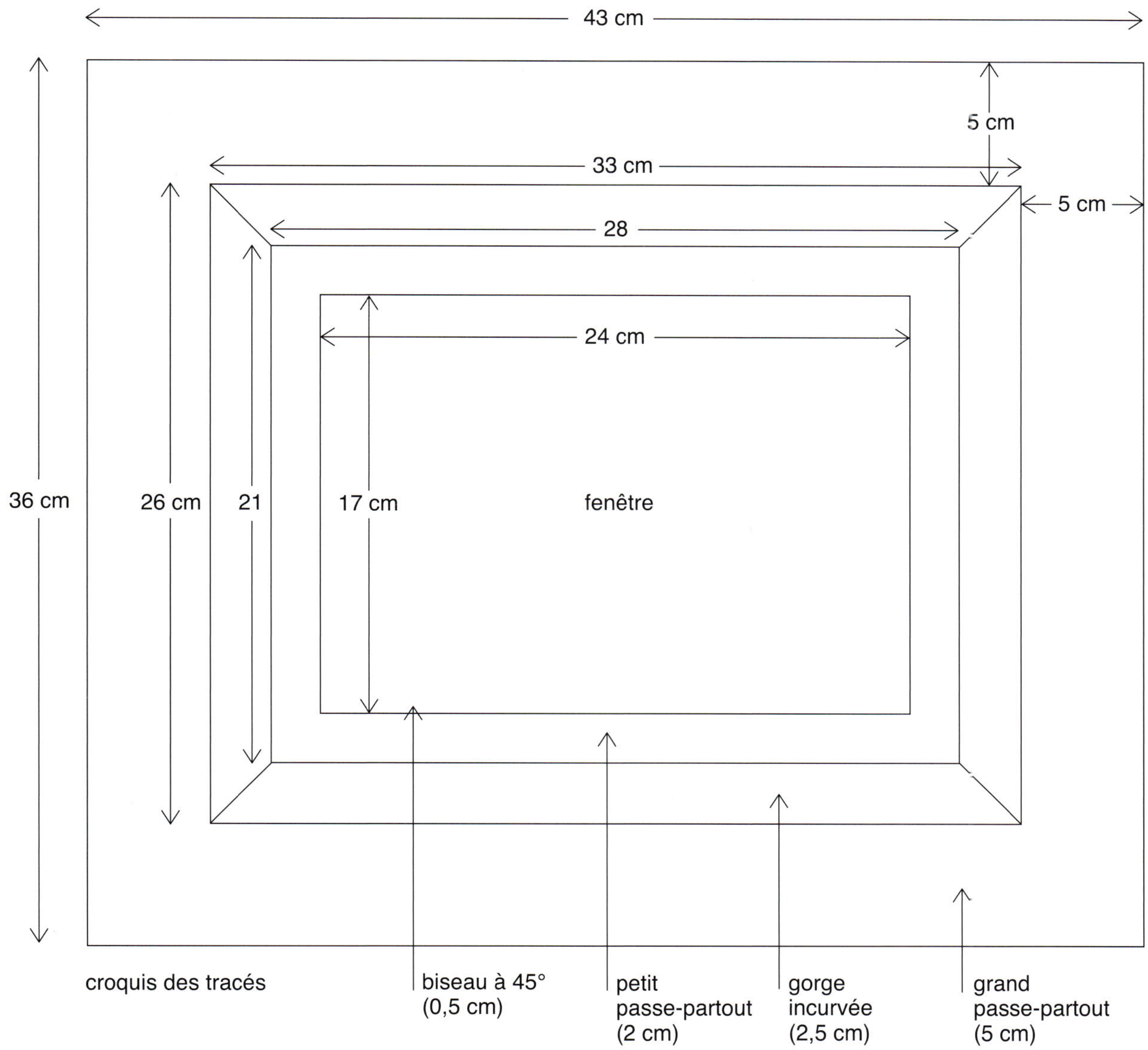

croquis des tracés

Gorge

- Reprendre la cartonnette et découper l'emplacement de la gorge déjà tracée.
- La réserver également.
- La cartonnette a donc maintenant une marge de 5 cm.
- Prendre l'empreinte de cette ouverture sur les deux cartons biseaux.
- Ouvrir droit.
- Les coller l'un sur l'autre puis sur le carton de fond 1.

Attention à bien équerrer.

- Mettre quelques minutes sous presse.

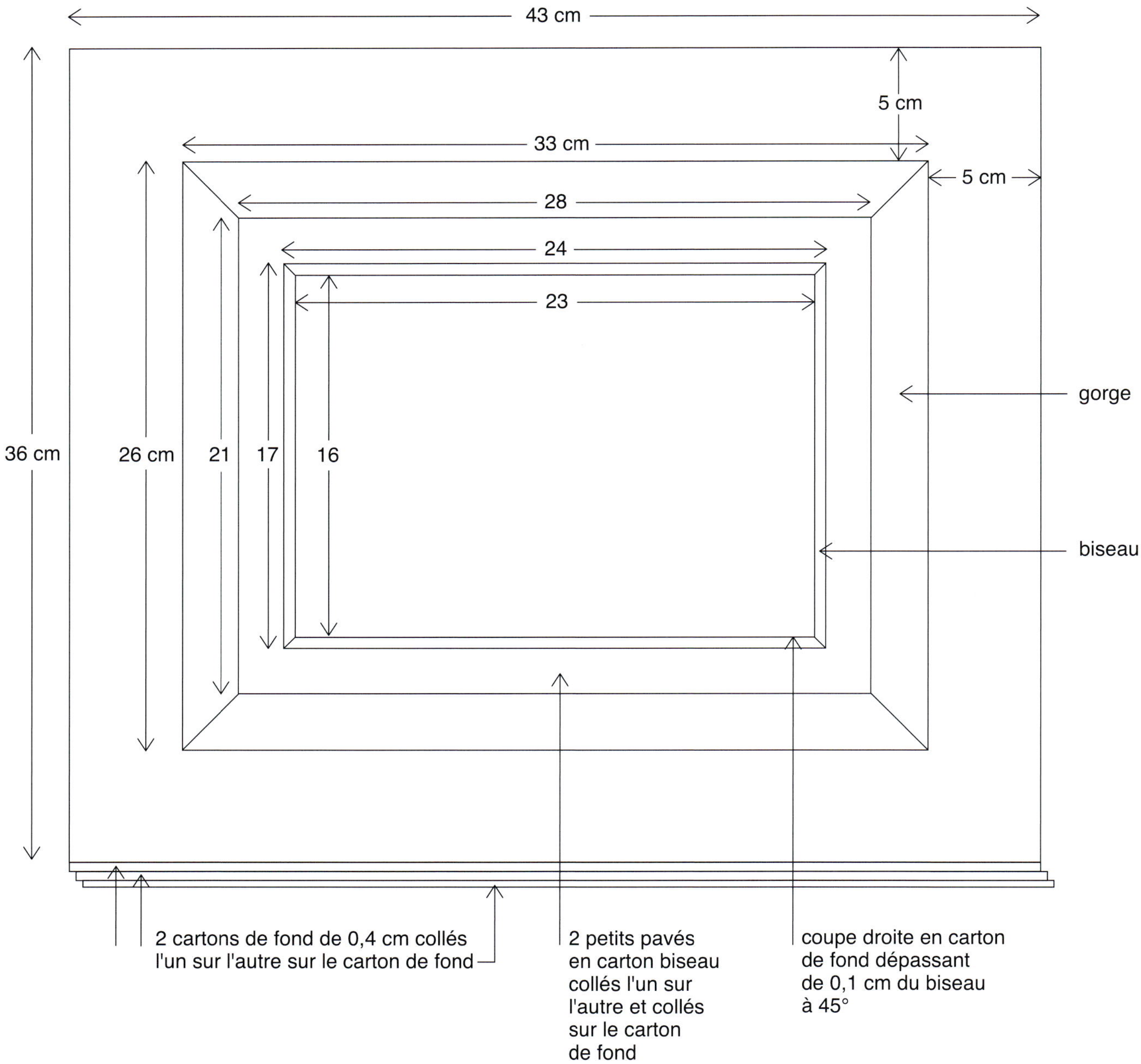

• Reprendre le pavé biseauté coupé plus haut à 45° et habiller les pentes.

• Coller cet ensemble sur le milieu du carton de fond 1, qui a ses coupes droites déjà habillées.

• Préparation de la gorge

Découpe des bandes de rigidex

Largeur : prendre la largeur de la gorge à l'aide d'un morceau de papier kraft, en l'appliquant soigneusement dans l'arrondi de la gorge.

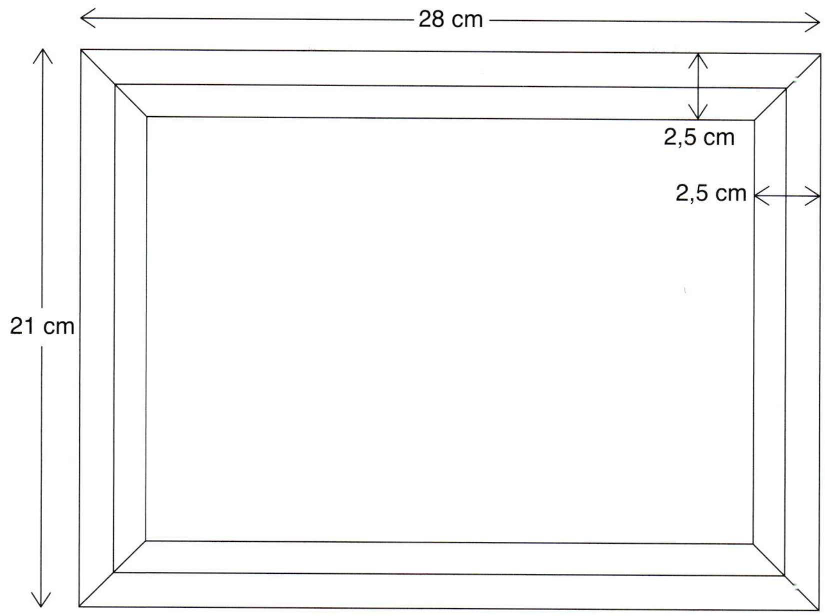

Longueur : la longueur des bandes correspond à la dimension exacte de l'extérieur de chaque côté de la gorge.

Grands côtés

• Positionner la première bande de rigidex sur le côté le plus éloigné de l'intérieur, c'est-à-dire celui attenant le grand passe-partout.

• Prendre la mesure exacte de la longueur, bords intérieurs et extérieurs de la gorge.

• Marquer puis découper les angles.
Bien se fier au croquis pour positionner correctement la bande de rigidex.

Habillage du rigidex

• Habiller en vis à vis en commençant par les grands côtés car, si vous n'y arrivez pas la première fois, ils serviront pour les petits côtés.

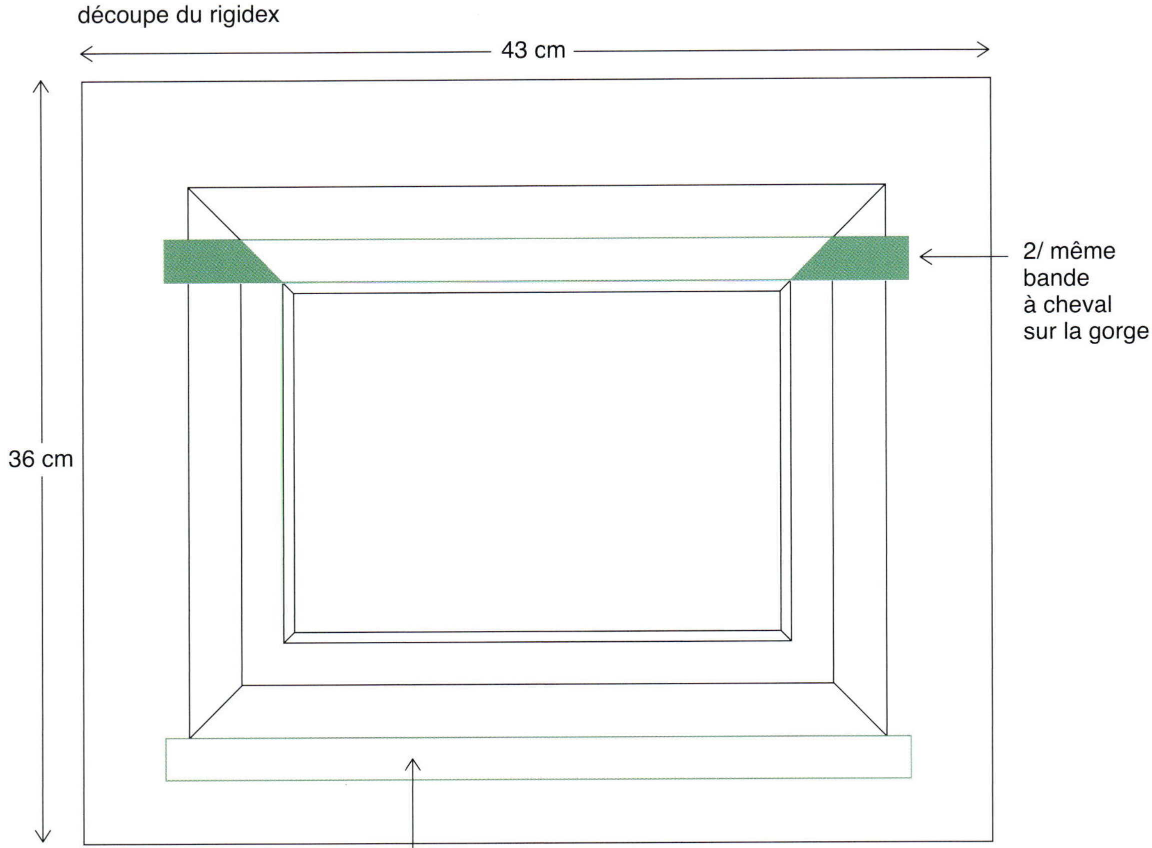

• Encoller cette bande avec la colle puis y apposer le papier en laissant 1 cm de débord de part et d'autre (en longueur comme en largeur).

• Découper des oreillettes de papier sur les côtés.

• Arrondir cette bande de papier habillée autour d'un crayon pour la mettre en forme.

• Habillage de la gorge

• Encoller le fond de la gorge, y déposer la bande.

Le rigidex ne doit pas se trouver encollé sur le pavé biseauté

Seul le surplus d'un centimètre de papier prévu précédemment le sera.

• Bien appliquer avec le doigt de façon à ne pas casser l'arrondi.

• Coller ensuite le surplus de papier sur le pavé puis de l'autre côté sur le carton biseau.

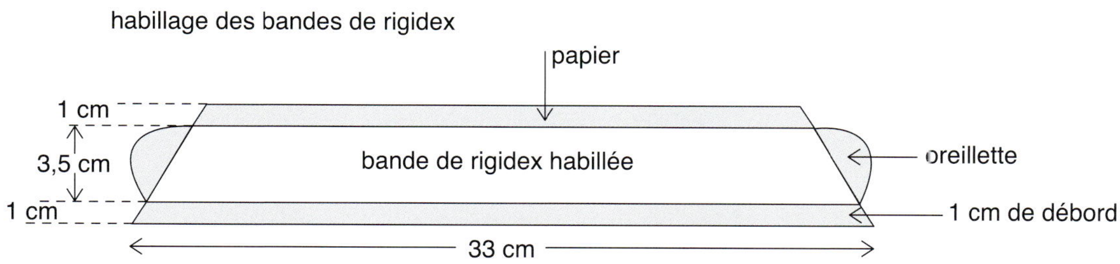

• Laisser les oreillettes. Elles serviront à masquer un éventuel trou dans l'habillage. Procéder de la même façon avec son vis-à-vis.

Petits côtés

• Prendre l'empreinte et faire les coupes de la même façon que pour les grands côtés.

• Positionner et rectifier au besoin.

• Bien vérifier que les angles du passe-partout font face aux angles des bandes.

• Encoller les bandes de rigidex. Poser le papier, bien laisser le centimètre supplémentaire au niveau des 4 côtés.

Par contre, les extrémités doivent être rembordées, contrairement à celles des grands-côtés.

• Mettre en forme en l'enroulant autour d'un crayon.

• Faire les essais en positionnant les bandes avant de les fixer comme précédemment.

• Habiller le petit passe-partout, pour pouvoir remborder l'ouverture interne de la gorge (voir page 20).

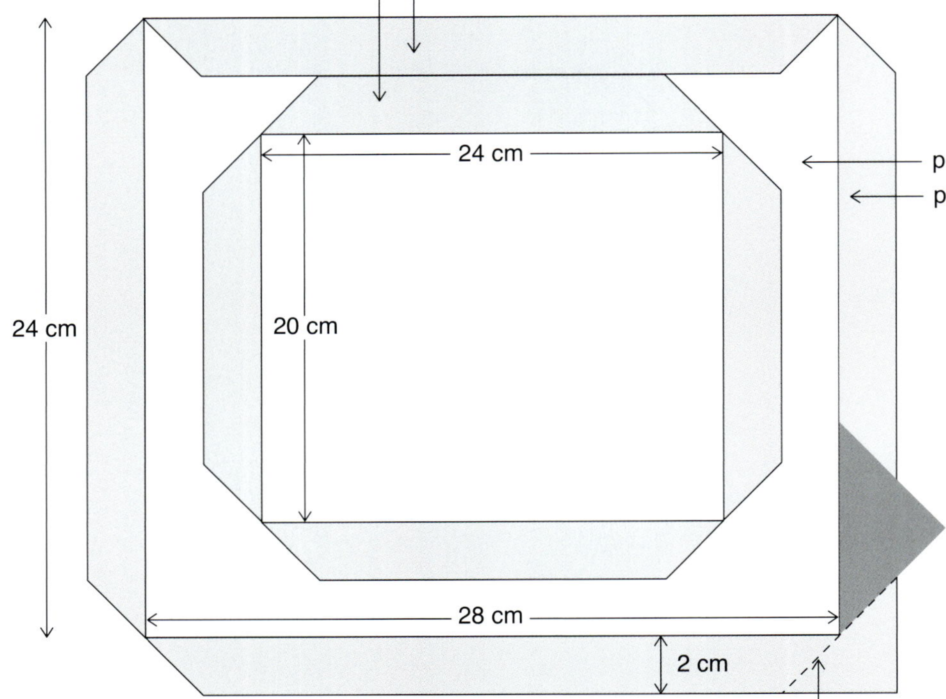

habillage du petit passe-partout

Par contre, pour remborder les côtés externes et pour que l'angle soit bien recouvert, prendre le grand passe-partout sur l'envers et couper le papier comme indiqué sur le croquis. Remborder et coller.

• Habiller le grand passe-partout puis le coller.

• Finitions

• Poser l'anneau sur le carton de fond.

• Ajuster tous les cartons, poser le verre, serrer à l'aide des pinces.

• Faire le paquet.

• Couper les baguettes, assembler.

• Pour cet exemple, habiller la baguette selon les indications du chapitre 'gainage de la baguette", page 36.

Les fleurs jaunes
le grand et le petit passe-partout sont habillés d'un papier vert aux des reflets dorés. La gorge et les biseaux du même papier jaune à fleur reprennent les tons des fleurs de la broderie. La baguette jaune contribue à illuminer cette broderie.

ABC
DEF
GHIJK
LMNOP
QRSTUV
WXYZ

biseaux imbriqués en diagonale

Abécédaire arbre
Il s'agit de la même broderie que pour le chevillard, mais l'effet est très différent grâce à l'encadrement. Alternance de papier écru à pois et à rayures reprenant les tons de la toile et des fils. Les biseaux sont du même ton que les fils ainsi que la baguette céruse écrue.

• Fournitures

5 cartons de fond pour les biseaux
5 cartonnettes pour les sous-cartes
1 carton de fond
Papiers

ABCDE
FGHIJKL
MNOPQ
RSTUV
WXYZ

Présentation

La technique du biseau imbriqué permet de réaliser un véritable tableau avec votre broderie. Elle met le sujet en perspective grâce à la superposition des biseaux.

• Tableau des mesures en cm pour "Abécédaire arbre"

	Hauteur	Largeur
Fenêtre image	25	21,5
1er passe-partout (2,5 x 2)	5	5
Biseau (0,5 x 2)	1	1
3er passe-partout (3 x 2)	6	6
Biseau (0,5 x 2)	1	1
5er passe-partout (6 x 2)	12	12
Biseau (0,5 x 2)	1	1
Total	51	47,5

Pour cet encadrement, il faut prendre en compte uniquement la dimension de 3 biseaux et des cartonnettes 1, 3 et 5 qui viennent s'ajouter aux dimensions de la fi.

Pour cette technique qui nécessite de nombreux cartons, il est nécessaire de bien les numéroter sans oublier les repères.

Réalisation

Assemblage 1 (passe-partout de surface)

• **Cartonnette 1 :** faire le tracé de l'ouverture.

• Couper et habiller ce passe-partout (voir page 24).

• **Carton biseau 1 :** prendre l'empreinte de l'ouverture (voir page 20).

• Couper et habiller les biseaux (voir page 24).

• Coller cet ensemble.

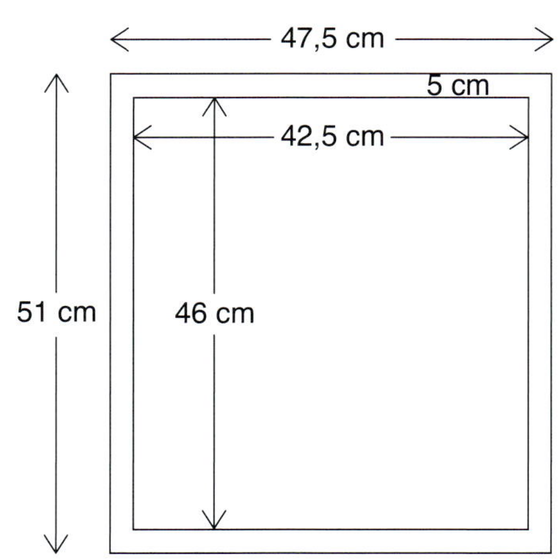

passe-partout 1

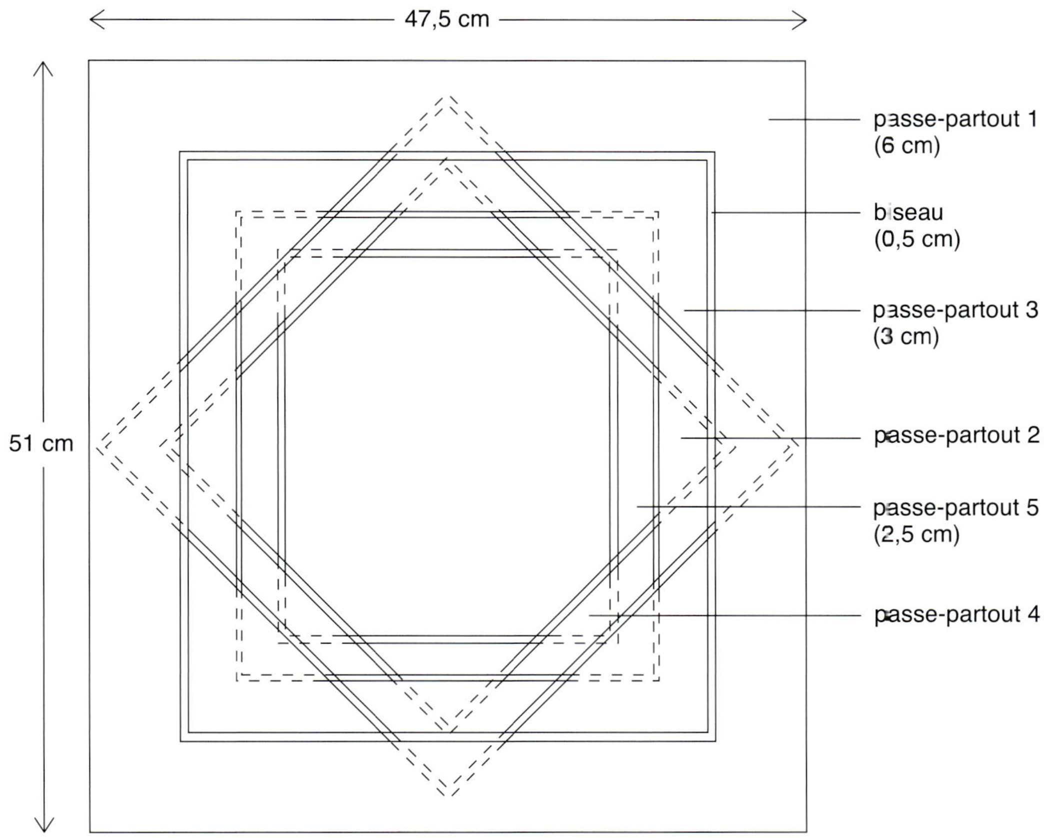

Assemblage 2 (passe-partout 2)

- **Cartonnette 2 :** prendre l'empreinte de l'assemblage 1.
- Marquer les milieux, faire un repère à un cm mais en retrait, relier en diagonale.
- Couper, habiller.
- **Carton biseau 2 :** prendre l'empreinte sur le carton biseau.
- Tracer, couper et habiller les biseaux.
- Coller cet ensemble.

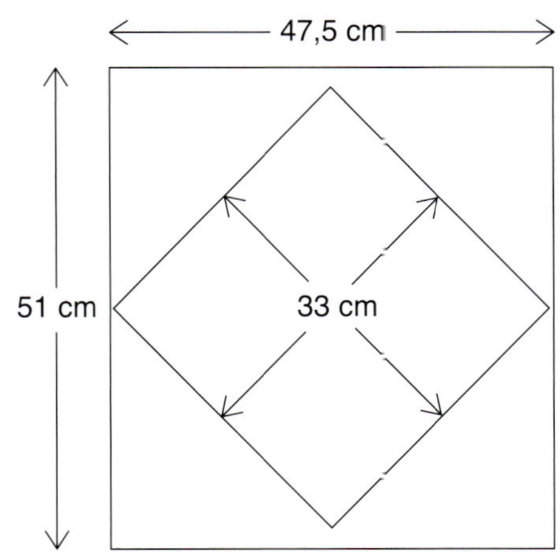

passe-partout 2

Assemblage 3 (passe-partout 3)

• **Cartonnette 3 :** tracer aux mêmes dimensions que le 1er assemblage mais en l'augmentant de 2 cm (mesure du passe-partout 1) vers l'intérieur. Couper, habiller cette sous-carte (voir page 24).

• **Carton biseau 3 :** prendre l'empreinte. Couper et habiller les biseaux

• Coller cet ensemble.

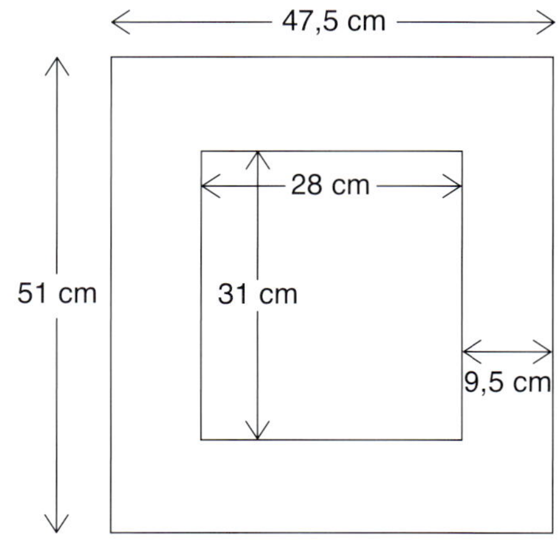

passe-partout 3

Assemblage 4 (passe-partout 4)

• **Cartonnette 4 :** prendre l'empreinte de l'assemblage 3.

• Marquer les milieux, faire un repère à un cm mais en retrait, relier en diagonale.

• Couper, habiller.

• **Carton biseau 4 :** prendre l'empreinte sur le carton biseau.

• Tracer, couper et habiller les biseaux.

• Coller cet ensemble.

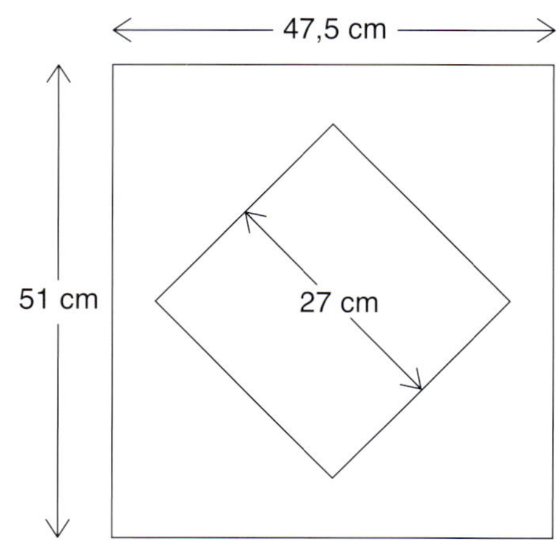

passe-partout 4

Assemblage 5 (passe-partout 5)

• **Cartonnette 5 :** tracer aux mêmes dimensions que l'assemblage 3 mais en l'augmentant de 2 cm (mesure du passe-partout 3) vers l'intérieur. Couper, habiller cette sous-carte (voir page 24).

• **Carton biseau 5 :** prendre l'empreinte de la cartonnette. Couper et habiller les biseaux.

• Coller cet ensemble.

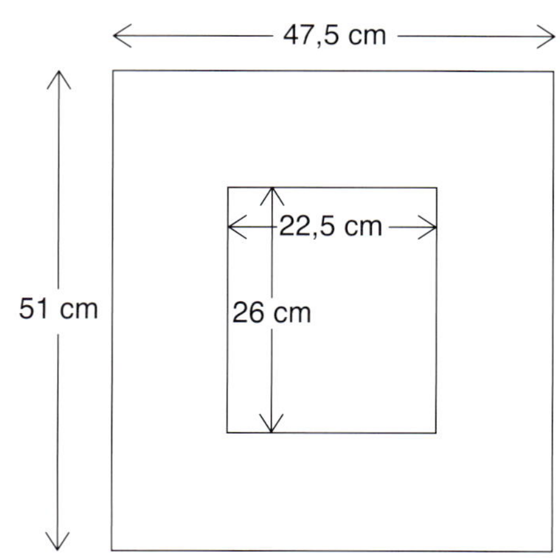

passe-partout 5

• Finitions

• Coller tous les ensembles les uns sur les autres.

• Poser l'anneau sur le carton de fond. Ajuster tous les cartons, poser le verre, serrer à l'aide des pinces. Faire le paquet.

CDE

biseau fantaisie rond à écoinçon

Chausson à initiale
Une ambiance très british pour cet encadrement original !
Passe-partout et fond perdu sont du même ton framboise que la broderie.
Des fleurs pour le biseau et les écoinçons sont là pour donner un aspect un peu vieillot. La baguette est gainée du même papier à motif de fleur.

• Fournitures

1 carton de fond

1 carton plume de 1 cm d'épaisseur
(ou deux cartons biseaux)

2 cartonnettes
(une cartonnette de surface pour le passe-partout
et 1 cartonnette de fond pour le biseau)

Compas

Éponge propre

Sèche-cheveux

Papier pour le biseau et pour le passe-partout
(éventuellement pour les écoinçons)

Attention à ne pas prendre un papier qui déteint
ou trop fin pour l'habillage des biseaux.

Il faut un papier qui puisse être détrempé sans se déchirer.

L

Présentation

L'encadrement avec le chausson a nécessité un réhaussement : sous l'ensemble passe-partout et biseau, se trouvent des parois en carton de fond, posées verticalement sur le pourtour du carton de fond.

Pour un plus bel effet, les écoinçons doivent faire au moins 3 cm, sans dépasser 6 cm de marge pour le passe-partout, afin d'éviter des angles trop importants.

Les écoinçons sont des formes ouvertes dans le passe-partout. Dans le cas des lavis, ils sont tracés sur un contre-collé.

Les cartons biseaux, assurant habituellement la profondeur, sont ici remplacés par du carton plume de 1 cm.
Cela allège également le paquet.

Pour obtenir une découpe plus nette des ouvertures, écoinçons et carton plume compris, découper sur une plaque de verre avec une lame neuve.

La forme des écoinçons peut varier.
Les 2 exemples présentés en sont le reflet : classiques pour le "Cœur de roses" et plus fantaisistes pour l'encadrement du "Chausson".

• Tableau des mesures en cm pour le "Chausson"

	Diamètre
Fenêtre image	11
Biseaux (3 x 2)	6
Passe-partout (8 x 2)	16
Total	33

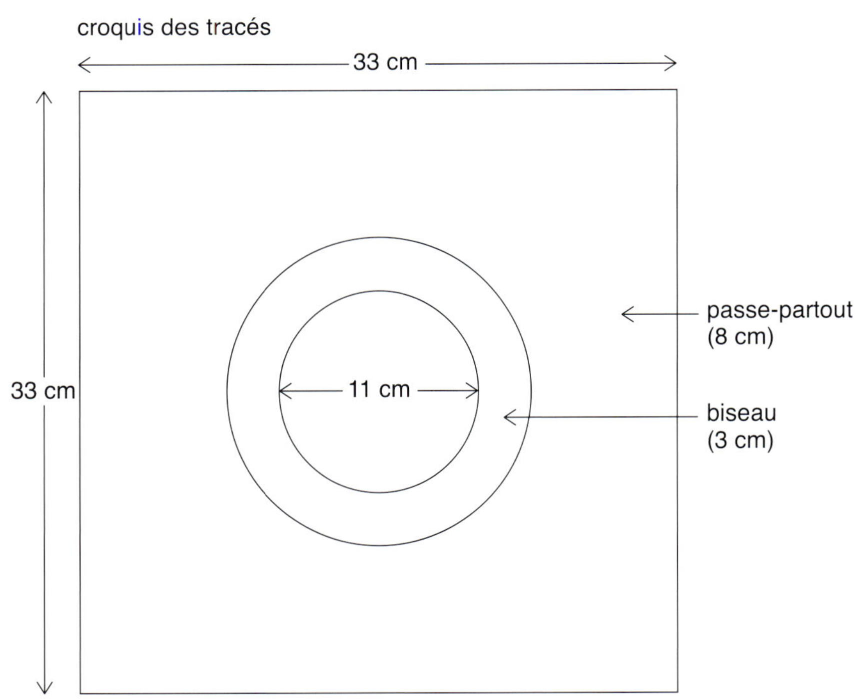

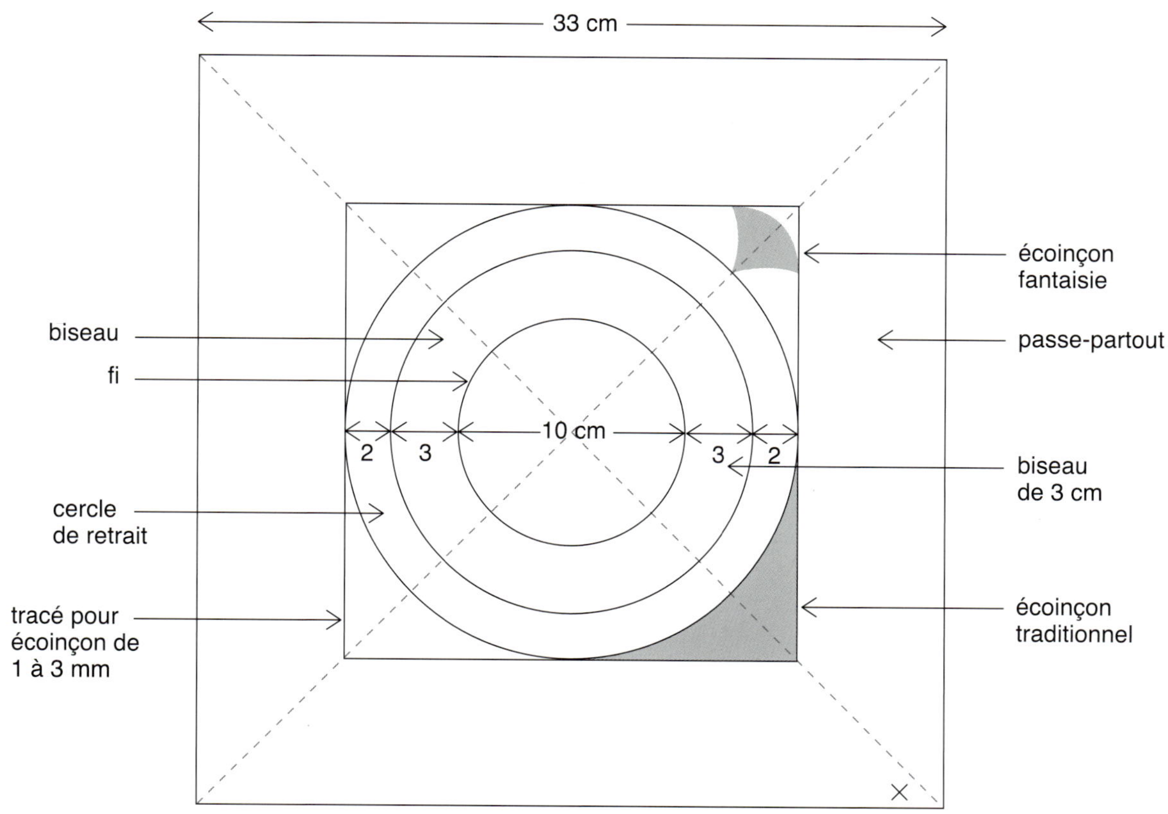

Réalisation

• Tracés

• Prendre la cartonnette de surface, la découper aux dimensions calculées, déterminer le centre en traçant les diagonales.

• Prendre le compas. Son ouverture doit correspondre à la moitié de la fi + la largeur du biseau. Pour cet exemple, l'ouverture du compas sera de 8,5 cm (5,5 + 3 cm).

• Pointer le centre et tracer.

• Tracer ensuite un second cercle de 2 cm supérieur au premier.

• Construire un carré ayant le même centre que la fi et dont les dimensions seront inférieures de 3 mm au second tracé.

• Vous obtenez ainsi vos écoinçons.

• Découpes

• Découper sur une plaque de verre avec une lame neuve, l'ouverture centrale correspondant à la fi ainsi que les écoinçons.

Tenir le cutter abaissé au maximum pour assurer une meilleure stabilité et ne pas s'arrêter en cours de route.

• Afin de rectifier les éventuels becquets prendre du papier de verre fin enroulé autour du doigt et passer sur les découpes en faisant de larges mouvements.

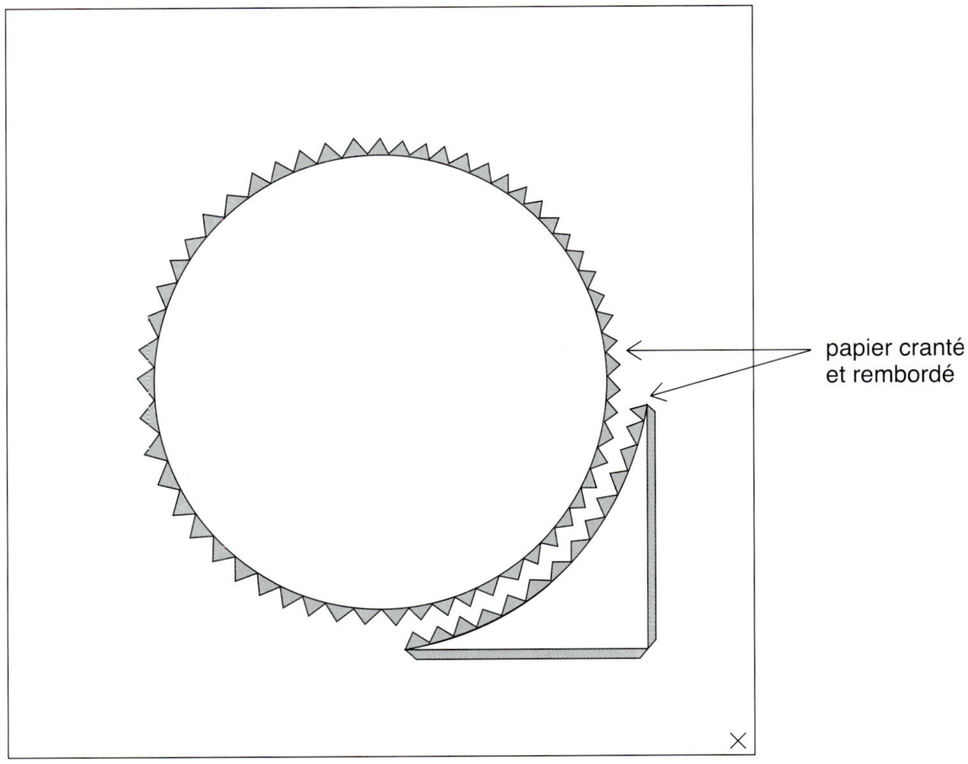

• Habillage de la cartonnette et des écoinçons

• Habiller la cartonnette.
Mettre sous-presse quelques minutes.

• Remborder l'intérieur en crantant le papier.

• Pour la grande ouverture ne laisser qu'1 cm de papier que vous cranterez aux ciseaux en ne laissant qu'1 mm de débord. Les crans sont espacés d'environ 3 mm.

• Encoller le carton au fur et à mesure que vous rabattez les franges puis lisser la tranche au plioir.

• Pour les écoinçons, les arrondis sont également à cranter pour pouvoir les remborder.

• Remborder bien les angles.

• Découpe et habillage du biseau

Carton plume

• Prendre l'empreinte de l'ouverture du passe-partout sur le carton plume ou bien sur les deux cartons biseaux qui seront ensuite collés l'un sur l'autre.

• Ouvrir sur une plaque de verre en tenant le cutter bien droit.
Réserver.

Cartonnette fond de biseau

• Tracer les diagonales. Ouvrir le compas sur une distance égale à la moitié de la fi. Pointer au centre.

• Tracer.

• Vérifier en posant le carton plume sur cette cartonnette, que le cercle tracé soit plus petit et que la différence de taille corresponde bien à la dimension du biseau.

- Si oui, ouvrir sur une plaque de verre, passer le papier de verre. Coller le carton plume sur la cartonnette. Mettre sous presse quelques minutes.
- Couper le papier destiné au biseau à la taille du carton plume, pour ne ne pas être embarrassé par une grande feuille.
- Encoller le carton plume puis y appliquer le papier.
- Bien lisser. Retourner le tout.
- Faire un tracé circulaire au crayon à l'aplomb de l'ouverture de la cartonnette.
- Découper le papier en ne laissant qu'1 cm entre la découpe et le tracé.
- Cranter aux ciseaux en s'arrêtant à 1 mm du tracé.
- Retourner l'ensemble.
- À l'aide de l'éponge propre fortement humidifiée, mouiller le papier en appliquant l'éponge, pour le mettre en forme, sur toute la surface du papier destinée au biseau.
- Retourner, encoller le bord de l'ouverture au fur et à mesure que le travail de rabat du papier avance. Si le pourtour est encollé d'un seul coup, la colle sera vite sèche.
- Rabattre délicatement les franges qui sont humides et donc fragiles.
- Laisser sécher soit à l'air libre, soit à l'aide d'un sèche cheveux pour bien regonfler le biseau.

• Si le papier est irrégulièrement tendu, remouiller à l'éponge et sécher au sèche-cheveux tenu à environ 15 cm du papier.

• Encoller cet ensemble et y fixer le passe-partout.

• Mettre sous presse quelques minutes.

• Finitions

• Poser l'anneau sur le carton de fond.

• Ajuster tous les cartons, poser le verre, serrer à l'aide des pinces.

• Faire le paquet.

• Couper les baguettes, assembler.

• Habiller la baguette selon les indications du chapitre "gainage de la baguette" (voir page 36).

Cœur de roses

Beaucoup de classe avec sa baguette gainée dans un papier assorti au ton de la toile de la broderie. Ce papier est aussi utilisé pour habiller le passe-partout et le biseau. Le bleu des écoinçons et de la sous-carte reprend le bleu des lettres et des motifs de la broderie.

ABCDEFGHIJK
LMNOPQRST
UVWXYZ
CA
PURE TEA
SWEETENED MILK
TABLETS.
PURE TEA
SWEETENED MILK
TABLETS.

biseau fantaisie ovale

Chausson en ovale

Une fantaisie, faite d'une bande en carton de fond habillée, a été rajoutée sur le côté du passe-partout. Le sous-verre est également habillé. Cette solution est plus économique pour de petits encadrements. L'ensemble passe-partout et biseau est posé sur un emboîtage fait de 4 bandes coupées dans du carton de fond et collées verticalement en quinconce sur le bord du carton de fond. La largeur des bandes pour la réhausse est calculée en fonction de la profondeur souhaitée.

• Fournitures

1 carton de fond

2 cartonnettes (une pour le passe-partout, une pour le fond de biseau)

1 carton plume pour le biseau

Papiers pour le passe-partout et pour le biseau

Sèche-cheveux

Plaque de verre

Papier de verre fin

Attention au choix du papier car il sera préformé à l'aide d'une éponge humide. Il faut donc choisir un papier qui ne déteint pas et qui ne soit pas trop fin.

Présentation

Il existe deux possibilités pour le tracé de l'ovale, la difficulté principale de cette technique étant la découpe à main levée, c'est-à-dire sans appareil.

Il est également possible de faire des écoinçons avec un ovale.

Réalisation

• Première technique : "l'ovale en construction"

Il est fait au compas, l'inconvénient étant que l'on ne peut choisir que sa longueur, puisque la largeur est imposée par procédé géométrique.

Il est préférable pour cette technique de faire un gabarit dans une feuille de papier. Cela vous permettra de mieux visualiser l'effet et d'agrandir ou de rétrécir la fi avant le calcul final et la coupe de tous les cartons.

Calcul de la dimension de l'ovale

• Pour un ovale en construction, prévoir un compas à balustre de préférence, car la mesure ne change pas au cours du tracé.

• Prendre une feuille de papier pour faire un essai d'ouverture.

• Déterminer la longueur de l'ovale en fonction de la marge que vous voulez réserver, puis tracer la longueur déterminée au centre de la feuille.

• Diviser cette longueur en trois. Marquer O et O'.

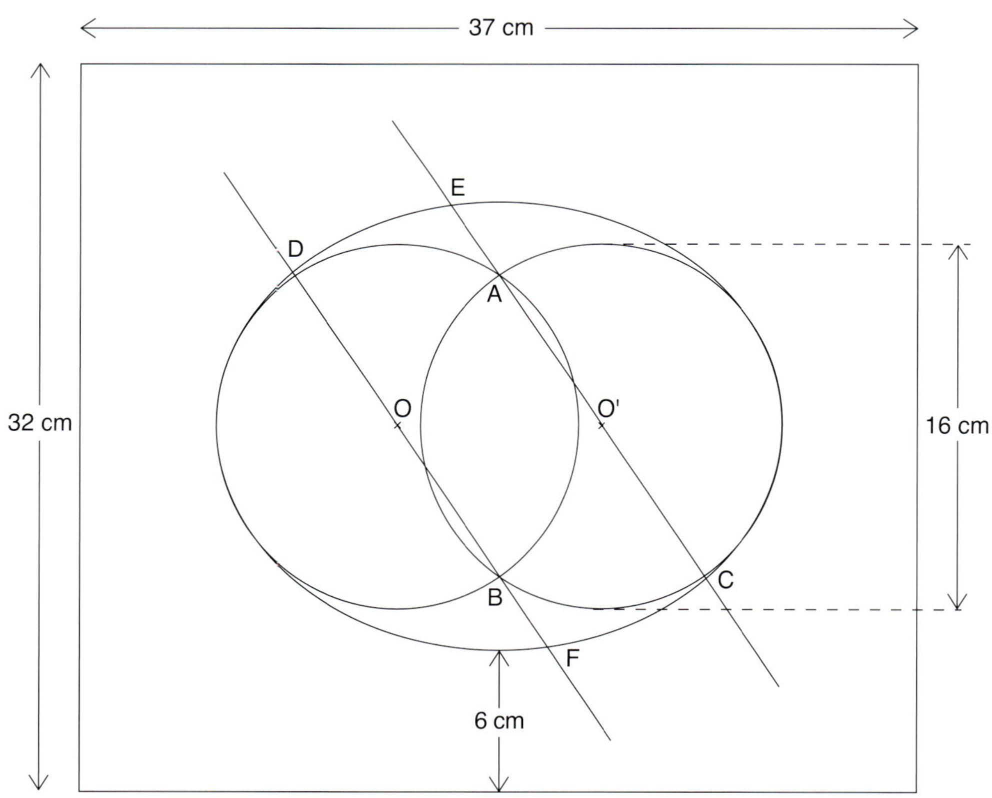

ovale en construction

À partir de ces points, tracer les deux cercles ayant pour rayon O O'.

• Marquer les points A et B puis tracer les deux tangentes : l'une passant par A et O', l'autre par B et O. Marquer C D E F.

• Prendre l'ouverture de compas AC, pointer en B, tracer l'arc de cercle DE, puis pointer A et tracer CF.

• Ouvrir la cartonnette.

• Placer ce gabarit sur le sujet. Si l'ouverture faite vous convient, faire vos calculs définitifs. Recommencer ce travail sur la cartonnette de surface en faisant bien attention à ce que le segment soit bien centré. Sinon, réduire ou augmenter la dimension du segment.

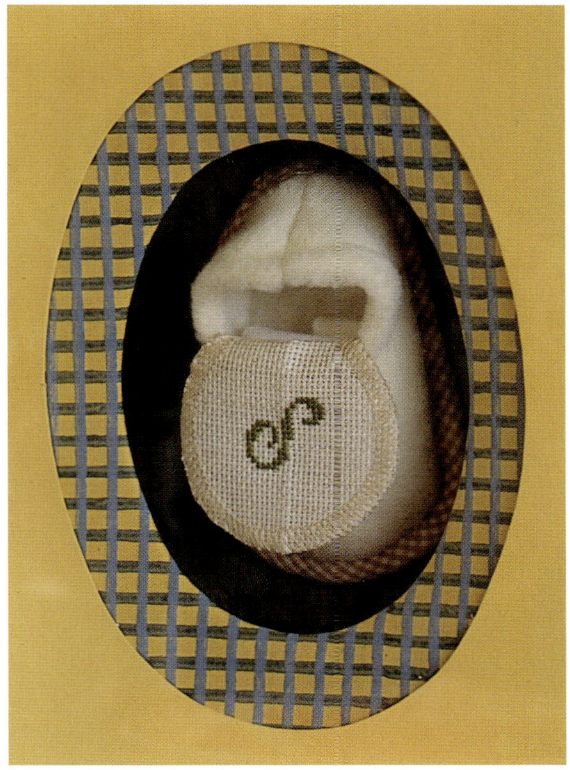

• Seconde technique : "l'ovale jardinier" ou ellipse

Cette technique permet cette fois, de choisir et la largeur et la longueur. L'ovale est plus allongé et permet une plus grande liberté au niveau du choix des dimensions de la fi.

Cette technique permet de choisir la longueur ainsi que la largeur, il est d'une forme plus allongée.

Fournitures pour l'ovale jardinier

Fil de lin chinois non étirable

3 épingles coupées à tête ronde (ne garder qu'1 cm de l'épingle)

Après avoir déterminé les dimensions finales, couper :

Carton de fond

2 cartonnettes

1 carton plume

1 carton biseau qui servira à bien maintenir la cartonnette lors du travail de traçage

Tracé

• Prendre la cartonnette de surface, tracer les milieux en hauteur et en longueur. Attention au sens de la fi.

Les dimensions à tracer sur le passe-partout sont égales à la fi + le biseau (voir tableau des mesures page 91).

• Faire le tracé de la marge choisie pour le passe partout avant d'entamer le travail du tracé de l'ovale. Cela permettra de mieux visualiser si l'ovale est bien centré.

• Marquer le milieu O.

Avec le compas, ouvrir de la longueur de la fi + la largeur du biseau, soit 2 cm.

• Pointer O, marquer A puis C pour la hauteur.

• Marquer B et D pour la largeur, soit la largeur de la fi + 2 cm de biseau.

• Reprendre l'ouverture AO, pointer en B et faire un tracé sur la ligne AC pour obtenir E puis F.

• Enfoncer les trois épingles en F, B et E en ayant pris soin de placer un carton biseau sous la cartonnette pour une meilleure stabilité des épingles.

• Prendre le fil de lin chinois, le nouer solidement en E, le passer derrière B puis le nouer solidement en F.

• Retirer l'épingle en B, passer la pointe du critérium à l'intérieur du fil et tracer l'ovale.
Normalement, il doit être à l'extérieur de la marge. Cependant, s'il y a un débord de quelques mm, cela passera inaperçu.

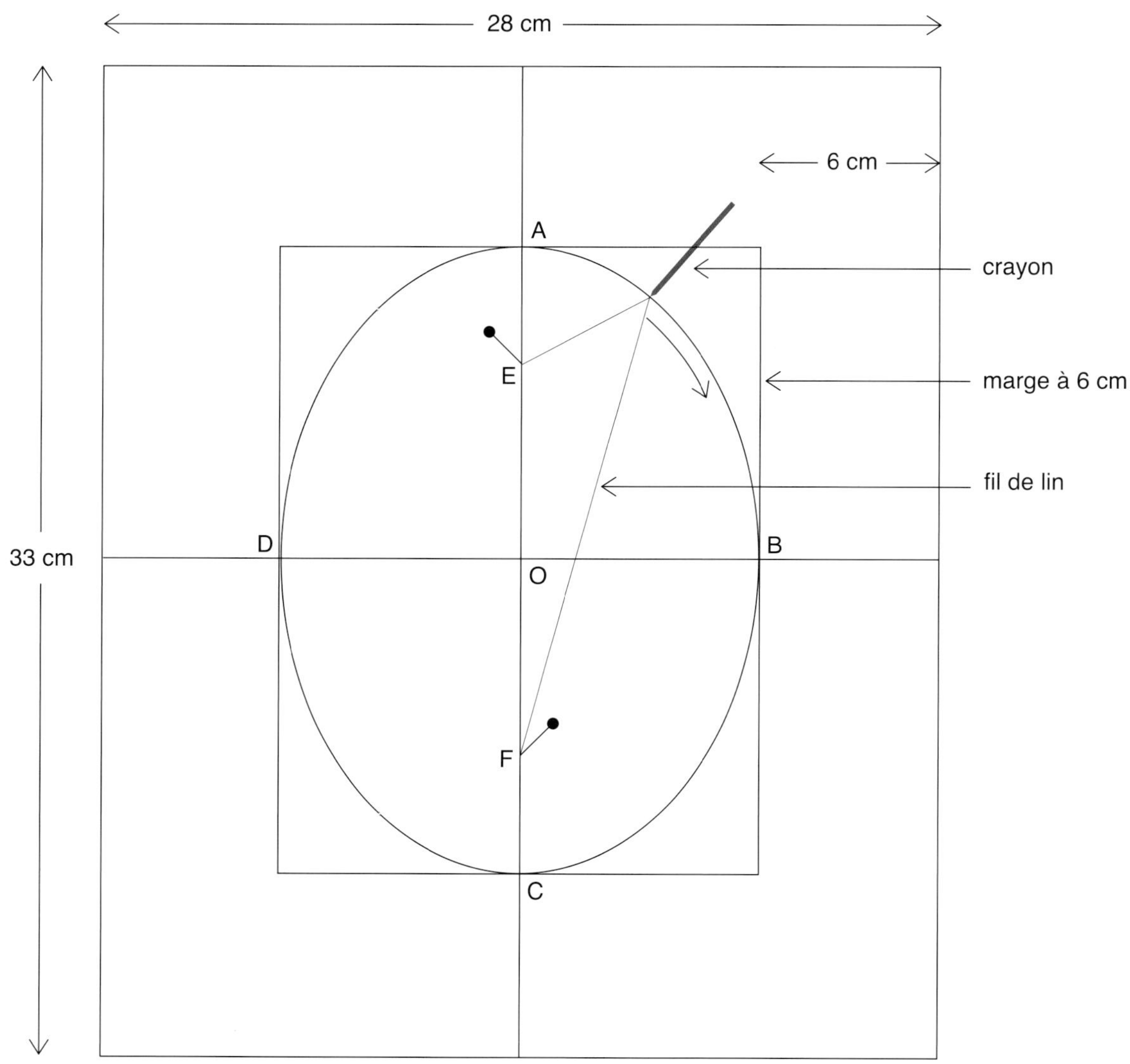

ovale jardinier

• Tableau des mesures en cm pour le "Chausson en ovale"

	Hauteur	Largeur
Fenêtre image	21	16
Biseaux (2 x 2)	4	4
Passe-partout (6 x 2)	12	12
Total	37	32

• Découpe des cartons

Faire toujours très attention au bon équerrage des cartons.

Prendre la cartonnette de surface

• Tracer les diagonales afin de bien centrer le travail.

• Reproduire les tracés précédemment réalisés sur la feuille de gabarit. N'oubliez pas de faire attention, au sens de l'ovale : soit vertical, soit horizontal.

• Ouvrir sur la plaque de verre.

• Passer ensuite le papier de verre enroulé autour du doigt pour retirer d'éventuels becquets.

• Habillage de la cartonnette de surface

• Habiller la cartonnette (voir page 20).

• Pour remborder l'ouverture, faire une découpe circulaire du surplus de papier en ne laissant qu'1 cm de débord.

• Cranter en arrêtant la découpe à 1 mm du bord de la cartonnette. Pour le crantage, voir page 82.

• Rabattre les franges sur le verso de la cartonnette, en encollant au fur et à mesure de l'avancée du travail.

• Lisser la tranche au plicir.

• Tracé du biseau

• Prendre le carton plume, tracer l'empreinte de l'ouverture du passe-partout.

Attention à l'équerrage des cartons (voir page 16).

• Ouvrir en tenant le cutter bien droit.

• Prendre la seconde cartonnette du fond de biseau qui maintient la base du papier. Tracer les diagonales pour bien centrer et faire le tracé de l'ovale initial correspondant à la fi.

Dans cet exemple, le segment sera de 21 cm.

• Poser le carton plume dessus pour vérification.

• Ouvrir la cartonnette sur la plaque de verre.

• Passer ensuite le papier de verre enroulé autour du doigt pour retirer d'éventuels becquets.

- Coller la cartonnette sous le carton plume.

- Laisser quelques minutes sous presse.

• Habillage du biseau

- Encoller le carton plume et le poser sur le papier choisi pour le biseau.

- Bien lisser au chiffon.

- Retourner l'ensemble. Faire un premier tracé sur le papier à l'aplomb de l'ouverture puis un second à environ 1 cm du premier. Ce dernier tracé sera le tracé de découpe du papier.

- Couper.

- Cranter aux ciseaux en s'arrêtant à 1 mm du premier tracé.

- Reprendre côté recto, mouiller le papier à l'éponge en appuyant sur la pente pour préformer le papier.

- Retourner. Rabattre délicatement les franges en encollant au fur et à mesure, pour éviter de déchirer le papier mouillé.

- Lisser la tranche au plioir.

- Sécher au sèche-cheveux à une quinzaine de cm du biseau pour bien regonfler le papier. Si le papier est mal tendu, le mouiller à nouveau avec l'éponge et repasser le sèche-cheveux.

- Fixer le passe-partout sur l'ensemble et mettre sous presse quelques minutes.

• Habillage de la cartonnette

- Couper le carton plume après avoir pris l'empreinte du passe-partout.

- Pour la seconde cartonnette, la cartonnette fond de biseau, y poser dessus le carton plume. Bien maintenir à l'aide des épingles aux 4 coins, prendre l'empreinte à l'aplomb.

- Retirer le carton plume et à l'aide du cutter tenu lame à l'envers, passer délicatement sur cette empreinte de manière à ne faire qu'une simple gouttière sans couper ni traverser.

- Reprendre le compas avec une ouverture correspondant à celle des biseaux.

- La pointe dans la rainure, tracer doucement le contour.

- Faire attention à tenir le compas bien droit et à ne pas changer l'angle d'inclinaison.
  La main ne doit pas bouger, pour les droitiers ; la main droite tient le compas pendant que la gauche fait pivoter le carton.

- Vérifier la distance du tracé par rapport au carton plume puis progresser comme pour l'ovale en construction.

• Finitions

- Poser l'anneau, centrer et coller la broderie préalablement tendue.

- Poser le verre et fermer le paquet.

- Border le sous-verre (voir page 42).

rond décentré

Noël au ruban
Farandole de rouge en alternance mais ajout d'une coupe droite et d'une baguette en carton plume de couleur verte qui permet de marquer la limite de la baguette par rapport au passe-partout.
Les papiers utilisés pour l'encadrement sont repris pour la baguette.

• Fournitures

3 cartonnettes
1 carton de fond
Chutes de carton plume de 1 cm pour réhausser chaque cercle.

Présentation

Il n'y a pas de difficultés particulières pour cette technique, si ce n'est la découpe à main levée des ronds à effectuer sur une plaque de verre. Il est également impératif que les cartons soient bien équerrés.

En prenant une marge initiale de 8 cm pour le calcul du passe-partout, on arrivera à une marge finale de 5 cm. Les 8 cm correspondent à l'espace se trouvant entre le bord extérieur du passe-partout de surface et l'ouverture de la plus petite cartonnette, celle se trouvant près de la broderie.

Par contre pour un encadrement final rond, ne pas oublier de faire le tracé externe après chaque tracé d'ouverture interne.

Par exemple, pour la première cartonnette, le tracé du premier cercle correspondant à la cartonnette de surface a une ouverture de 10 cm. Le tracé externe sera donc augmenté de la valeur du passe-partout, soit 5 cm.

• Tableau des mesures en cm pour "Noël au ruban"

	Diamètre
Fenêtre image	14
Passe partout (8 x 2)	16
Total	30

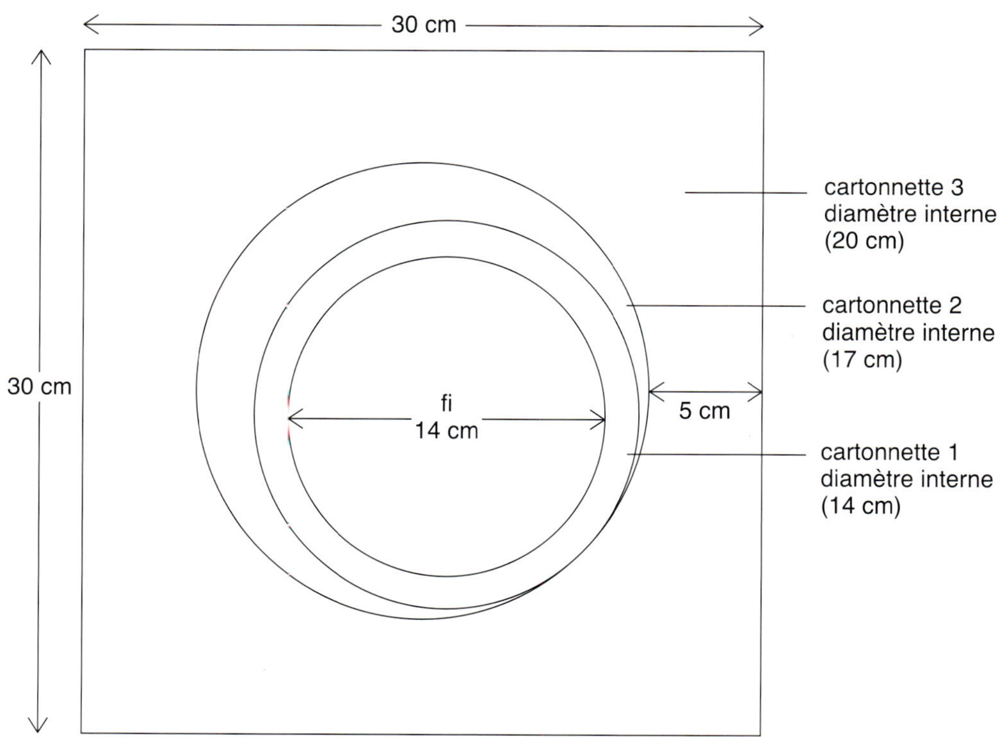

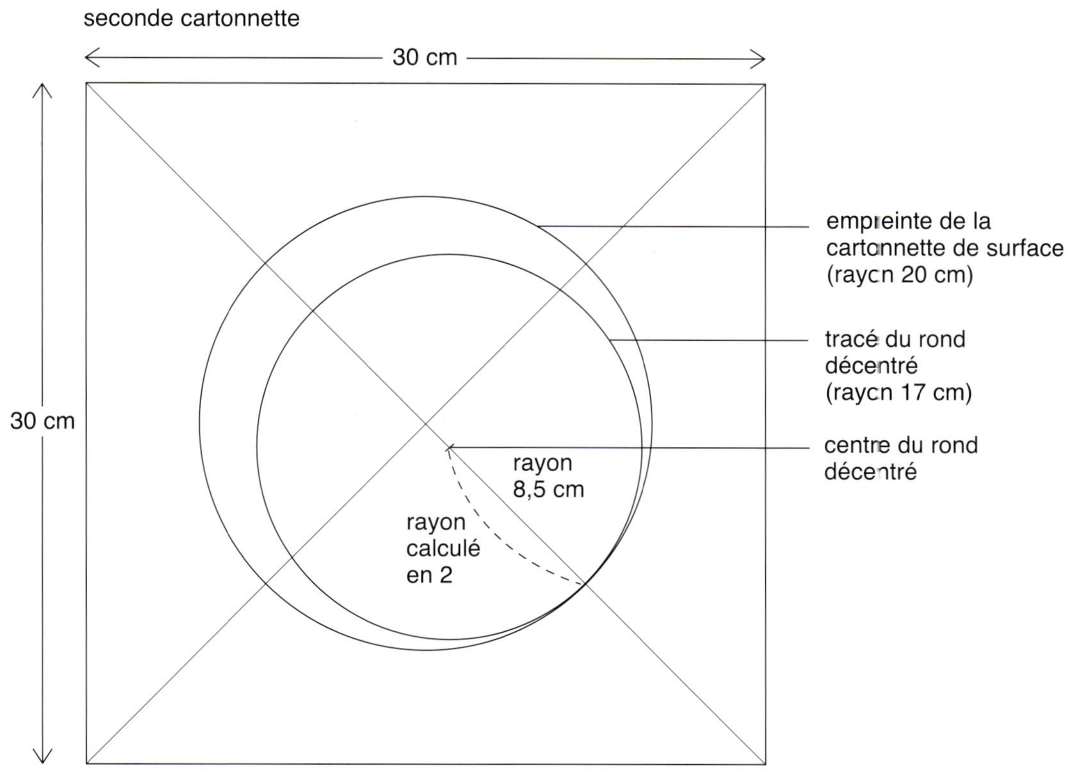

Réalisation

• Tracés et découpes

Pour faciliter le travail, noter les éléments suivants :
Pour l'ouverture de la dernière cartonnette, qui est la plus proche de la broderie, diviser la fi par 2.
Pour la seconde, celle du milieu : ajouter 1,5 cm au résultat précédent.
Pour la dernière, celle de surface : rajouter encore 1,5 cm.

Soit pour cet exemple :
cartonnette 1 = 14 : 2 = 7 cm d'ouverture de compas
cartonnette 2 = 7 + 1,5 = 8,5 cm d'ouverture de compas à 8,5 cm pour la cartonnette du milieu
cartonnette 3 = 8,5 +1,5 = 10 cm d'ouverture de compas pour la cartonnette de surface

Cartonnette de surface

• Tracer les diagonales pour obtenir le milieu.

• Ouvrir le compas à la dimension calculée pour la cartonnette 3, soit 10 cm.

• Pointer le milieu.

• Tracer puis ouvrir au cutter sur une plaque de verre.

Cartonnette 2

• Tracer les diagonales puis placer la première cartonnette dessus et prendre l'empreinte.
Reprendre la seconde cartonnette.

• Ouvrir le compas à la dimension calculée pour la cartonnette 2, soit 8,5 cm.

• Pointer à l'intersection des diagonales et du premier cercle, faire un repère sur cette diagonale.

• Pointer à cet endroit et tracer le cercle. Ouvrir au cutter.

Cartonnette 3

• Tracer les diagonales.

• Ouvrir le compas à la dimension calculée pour la cartonnette 1, soit 7 cm.

• Pointer à l'intersection des diagonales.

• Tracer puis ouvrir au cutter.
Cette cartonnette est celle se trouvant le plus près de la broderie.

• Habiller les cartonnettes, bien cranter pour rabattre l'intérieur (voir page 82) et éviter les surépaisseurs de papier.

• Assemblage final

• Dans du carton plume de 1 cm, découper des cales de 2 cm de large et de la longueur des côtés.

Prendre la cartonnette 1, qui a la plus petite ouverture.

• Coller sur le dessus et en quinconce les bandes de carton plume.

• Procéder de la même façon pour la seconde cartonnette.

• Laisser sécher puis coller la 3ème cartonnette sur la seconde et la seconde sur la première.

• Mettre sous presse quelques minutes.

• Finitions

• Poser l'anneau sur le carton de fond.

• Ajuster tous les cartons, poser le verre, serrer à l'aide des pinces.

• Faire le paquet.

• Couper les baguettes, assembler.

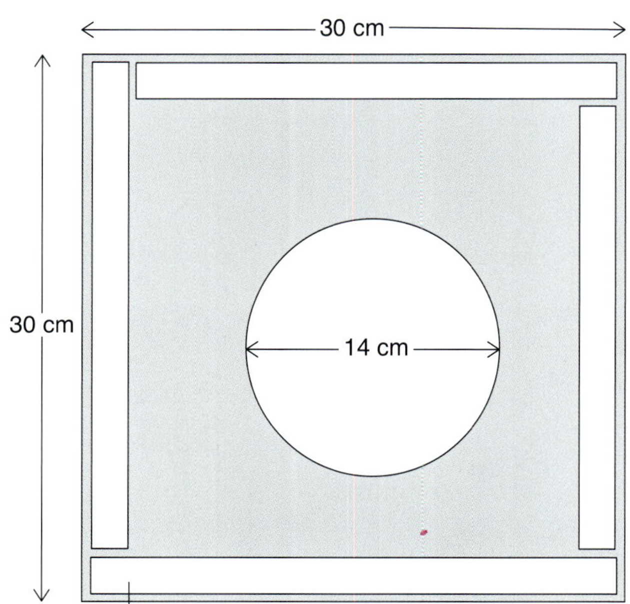

Dent de lait
Farandole de bleu sur un passe-partout de fond blanc avec des petites touches de couleur pour égailler le tout. Le coussin brodé est collé sur un fond perdu bleu sur lequel sont collés les petites souris. Les dents sont collées sur le premier rond. La baguette reprend le ton du texte du coussin.

Dent
de
lait

chantourné

Lettre matelot
Les rayures du passe-partout reprennent les rayures de la marinière du marin ainsi que celle la lettre brodée. La coupe chantournée est d'un bleu plus clair que la sous-carte. La baguette en carton plume est recouverte sur le dessus d'un papier du même ton que la toile et la tranche est du même bleu foncé que la sous-carte.

• Fournitures

1 cartonnette
2 cartons de fond : 1 pour l'anneau et 1 pour la coupe droite
Papiers
Papier de verre
Papier calque
Compas

ODILE GODARD
LA CUISINE D'AMOUR
ODILE GODARD
LES SOUPERS DE SCHÉHÉRAZADE

Présentation

Le chantourné désigne une ou des ouvertures en forme, régulières ou non.
La forme peut être déterminée par le sujet : l'on peut ainsi, soit reproduire exactement les contours du sujet, soit faire des contours aléatoires.

Dans cet exemple, le passe-partout est chantourné sur une coupe droite également chantournée et faite dans un carton de fond, plus facile à couper que du carton biseau.

Les plus expertes peuvent faire la découpe à 45° dans du carton biseau. Dans ce cas, ne pas oublier d'ajouter 1 cm de biseau dans le tableau des mesures (voir page 139 pour les biseaux à 45° en forme).

Attention, dans cet exemple, les cartons sont également coupés en rond.

Si telle est votre option, ne pas oublier de tracer les diagonales afin de pouvoir tracer le cercle externe et ceci obligatoirement avant de commencer le travail sur chacun des cartons.

Cette technique ne présente pas de difficulté particulière si ce n'est les coupes internes qui se font à main levée.

Pour le calcul de la dimension de la fi, faire un gabarit du dessin sur une feuille pour bien visualiser l'effet et pour faciliter également la prise de calcul.
Pour un chantourné régulier, faire le travail sur un calque puis le reporter sur le carton de fond.
La dimension de la fi sera calculée en fonction des motifs les plus larges de la broderie.

• Tableau des mesures en cm pour "Lettre matelot"

	Hauteur	Largeur
Fenêtre image	13	13
Passe-partout (2 x 6)	12	12
Coupe droite (2 x 0,5)	1	1
Total	26	26

Réalisation

• Tracés et découpes

Carton de fond

• Reporter avec la feuille de papier calque le tracé défini. Attention à bien le centrer.

• Découper en tenant le cutter bien droit, ne pas bouger la main qui tient le cutter, c'est l'autre main qui fait tourner le travail.

• Faire plusieurs passages pour assurer une bonne découpe.

• Inciser au fur et à mesure et à chaque passage appuyer un peu plus. Il ne faut pas chercher à traverser le carton au premier passage. Une fois la découpe terminée, passer la tranche au papier de verre.

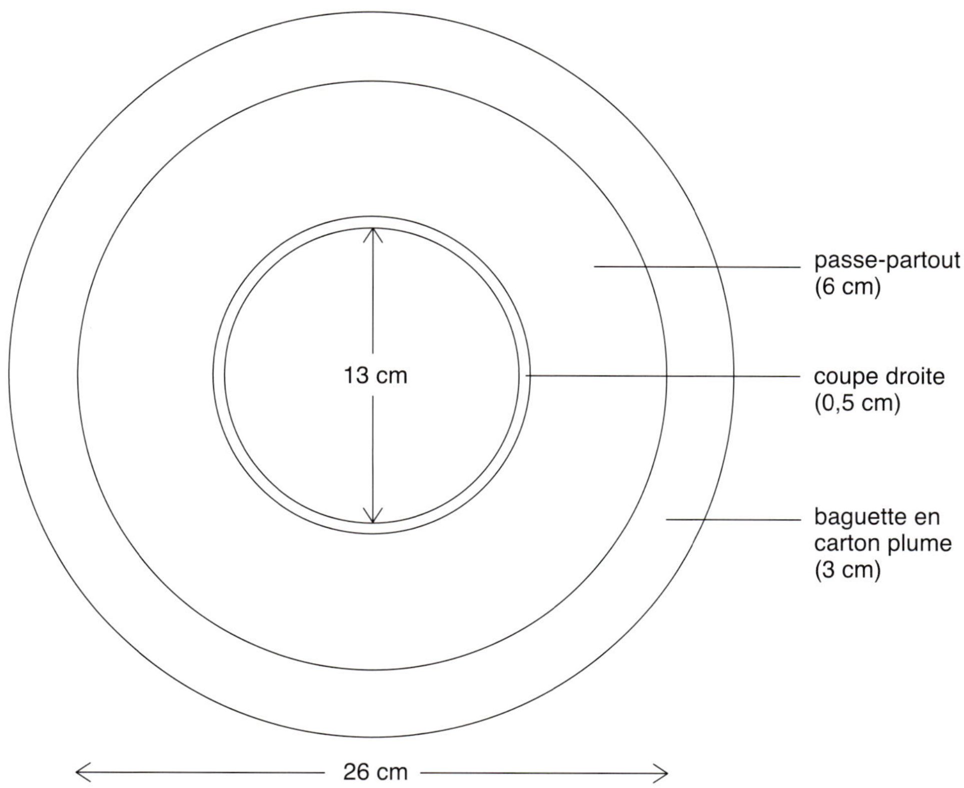

• Habillage de la coupe droite

• Prendre la mesure de la longueur de la coupe droite à l'aide d'un fil ou d'un ruban.

• Couper une bande de papier d'1 cm de large et un peu plus longue que la mesure définie (ajouter 1 cm).

• Encoller la tranche de la coupe droite sur quelques cm.

• Appliquer le milieu de la bande de papier.

• Bien lisser au plioir.

• Avancer ainsi petit à petit en ajustant bien le point de rencontre.

• Une fois la bande collée, cranter le papier au dos du carton puis rabattre les franges.

• Retourner le carton, travailler le papier au plioir, en lissant la tranche supérieure du carton afin de préformer le papier.

Si celui-ci est épais, pratiquer quelques crans mais sur 2 ou 3 mm de long et espacés de 2 ou 3 cm.

• Rabattre le papier qui peut être légèrement humidifié s'il résiste trop. Par contre faire attention, car certains papiers déteignent.

• Habillage de la cartonnette

• Poser le carton de fond sur la cartonnette. Prendre l'empreinte de l'ouverture à l'aplomb du carton.

• Ouvrir ce tracé sur la cartonnette. Prendre le compas et l'ouvrir de la largeur définie pour la coupe droite. Ici, elle est de 5 mm.

En tenant fermement le compas, tracer l'ouverture du passe-partout en longeant l'ouverture. C'est toujours la main qui ne tient pas le compas qui tourne le travail et non le compas qui tourne.

• Habiller la cartonnette et remborder.

Par-contre, pour éviter les superpositions de papier, cranter à la façon des couturières.

• Finitions

• Poser l'anneau sur le carton de fond.

• Ajuster tous les cartons, poser le verre, serrer à l'aide des pinces.

• Faire le paquet.

• Couper les baguettes, assembler.

• Si l'encadrement final est rond, comme pour cet exemple, faire la baguette en carton plume (voir page 38).

crantage du papier

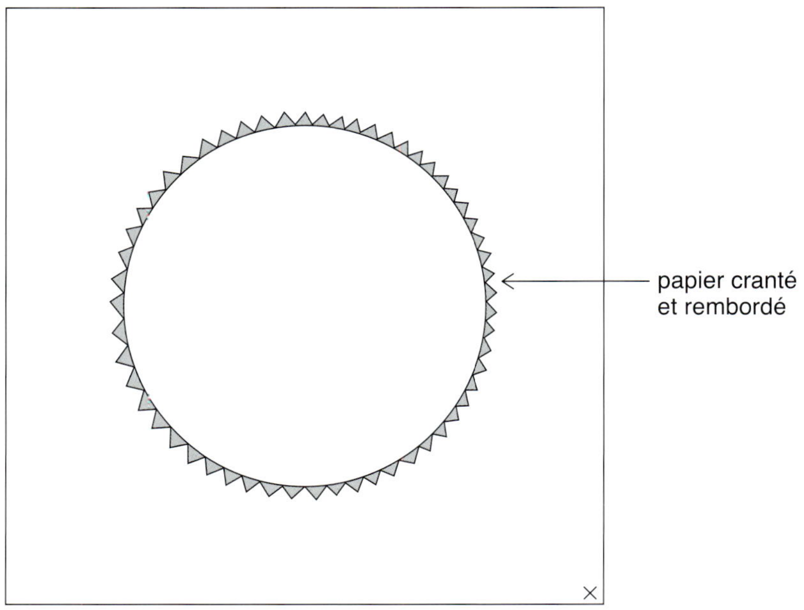

biseau français

Monochrome rouge
Sur le passe-partout, des reliefs rappellent les lettres de l'abécédaire.
J'ai ajouté une sous-carte et une coupe droite de couleur bordeaux avec entre-elles un biseau du même papier que celui du passe-partout.
La baguette en bois est du même ton que les lettres brodées.

• Fournitures

1 carton de fond
1 carton biseau, voire 2 si l'on souhaite une profondeur plus importante
2 cartonnettes
Papier kraft blanc si les biseaux sont habillés d'un papier clair
Papier cristal pour les reliefs sous passe-partout.

1963
2003

Présentation

Cette technique permet d'obtenir une jolie pente de 1 cm de large en général, qui peut être du plus bel effet jusqu'à 3 cm.

Cette pente est obtenue par pliage de cartonnette (ou de bristol).

Son inclinaison est obtenue grâce à un carton biseau de 4 mm d'épaisseur.

Cette technique ne présente pas de difficultés particulières.

• Tableau des mesures en cm pour "Monochrome rouge"

	Hauteur	Largeur
Fenêtre image	28	39
Coupe droite (2 x 0,2)	0,4	0,4
Passe-partout (2 x 7)	14	14
Biseau (2 x 1)	2	2
Sous-carte (2 x 0,2)	0,4	0,4
Total	44,8	55,8

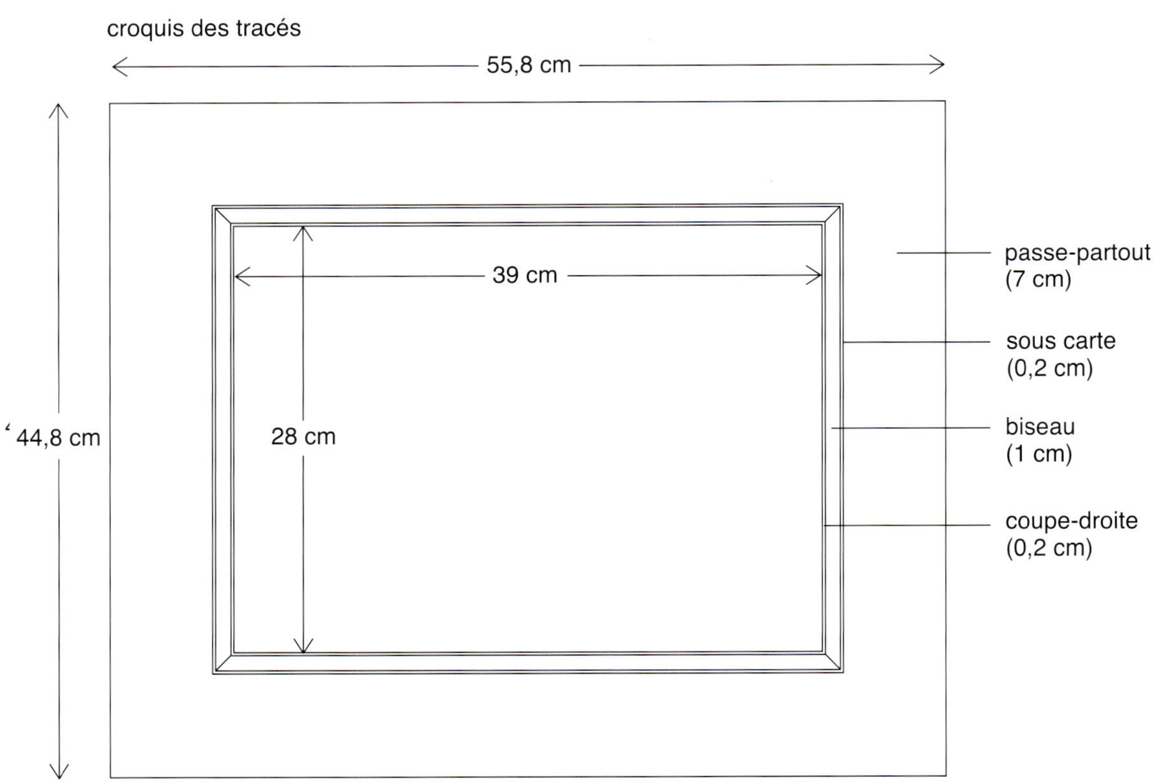

Réalisation

• Tracé

Cartonnette de surface

• Tracer la marge de 7 cm.

• Ouvrir.
Faire les reliefs (facultatif) et habiller la cartonnette (voir page 20).

Cartonnette 2

• Tracer la même marge que pour le passe-partout de surface.

• Tracer une seconde marge à 1 cm vers l'intérieur.

• Tracer également les angles.

• Ouvrir cette coupe ainsi que les angles.

• Prendre le cutter à l'envers, et le passer sur la ligne de marge se trouvant à 7 cm.
Attention à ne pas traverser le carton.
Vous pouvez aussi utiliser la pointe du compas à pointe-sèche.
Ce passage doit juste servir à plier la cartonnette.

• Réserver.

Carton biseau

• Bien ajuster le passe-partout habillé.

• Prendre l'empreinte à l'aplomb.

• À l'extérieur de ce tracé, agrandir cette marge de 3 mm.

• Ouvrir en tenant le cutter bien droit.

• Encoller le carton biseau et y coller la cartonnette qui servira pour la pente.

• Mettre sous presse quelques minutes.
Poser cet ensemble bien à plat.

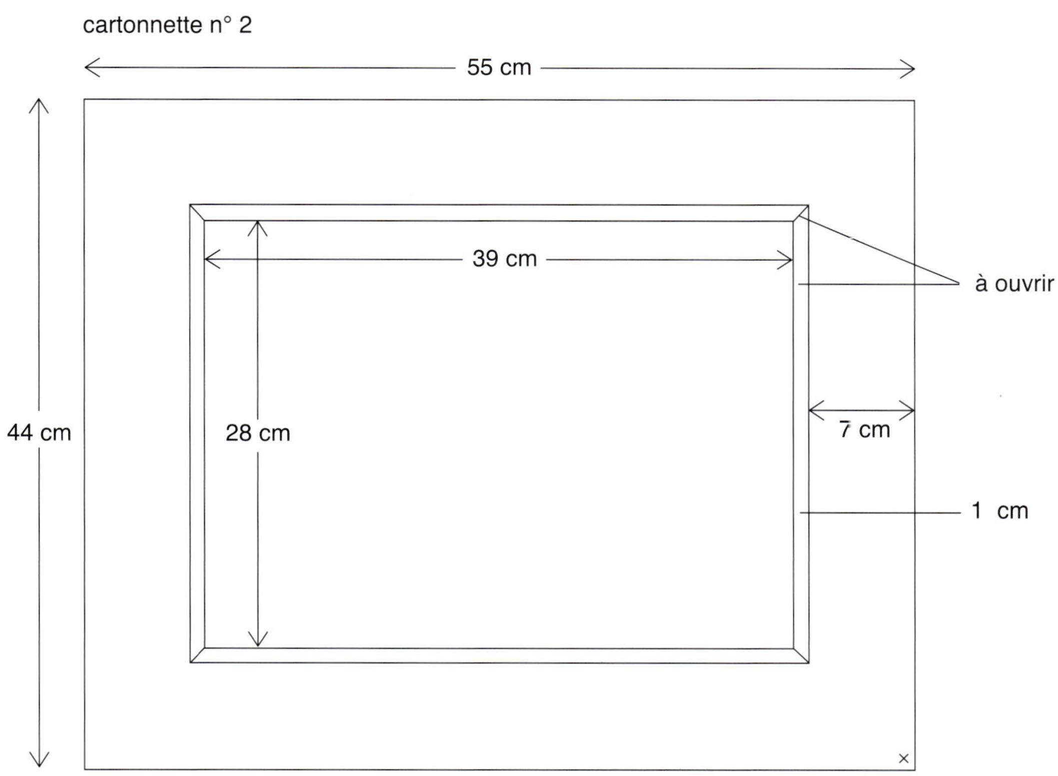

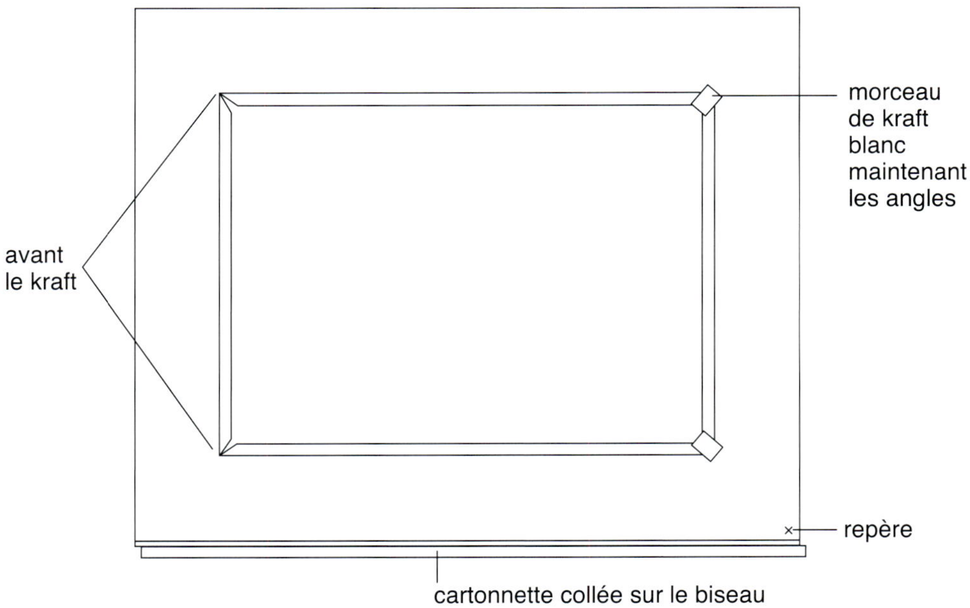

• Passer le plioir plusieurs fois sur les pentes pour bien les incliner.
Les angles s'étant écartés, il faut coller un morceau de papier kraft pour qu'ils gardent cet écartement, tout en maintenant l'inclinaison des pentes.
Les pentes des biseaux s'habillent comme les biseaux à 45° (voir page 24).

• Coller le passe-partout de surface sur cet ensemble.

Dans le cas d'une coupe droite sous le biseau, c'est le moment de prendre l'empreinte et de l'augmenter de la valeur choisie, puis d'habiller la coupe droite (voir page 30) et de la coller.

• Finitions

• Poser l'anneau sur le carton de fond, centrer la broderie et faire le paquet.

Abécédaire du peintre
Le passe-partout est composé de deux morceaux habillés de papiers différents. La sous-carte et la coupe droite reprennent la couleur des rayures du passe-partout alors que les biseaux sont habillés du même papier que celui utilisé pour l'autre partie du passe-partout.
Pour cet exemple, ne pas oublier d'ajouter la coupe droite sous le biseau, soit 1 à 5 mm.

ABC
du peintre
Chevalet
Dessiner
Palette

biseau fantaisie

La rentrée

Le passe-partout est en contrecollé sur papier Canson bleu marine. Le lignage, les caractères sont faits au tire-ligne à l'encre blanche rappelant les techniques du lavis. Les biseaux sont habillés d'un papier fantaisie sur le thème de l'école, la coupe droite est bleue claire comme certains motifs brodés. La baguette en bois écrue et grise reprend également des tons de la broderie.

• Fournitures

1 carton de fond

1 carton plume de 1 cm ou 2 cartons biseaux

1 carton biseau

1 contre-collé qui peut être remplacé par une cartonnette habillée pour le passe-partout

Tire-ligne

Encre blanche

Feuille de Rigidex ou de bristol fin

Papier

Vive la Rentrée !!!
VIVE LA RENTRÉE !
répertoire

Présentation

Cette technique permet beaucoup de fantaisie. En effet, les biseaux peuvent être bombés, incurvés, embossés, faits en lavis... Il est aussi possible de dessiner sur les pentes. Vous pouvez laisser libre cours à votre imagination.

Il convient aussi bien aux encadrements classiques que fantaisie ou naïfs.
Il faut surtout faire très attention à bien adapter les angles des biseaux au passe-partout.
La taille de ces biseaux les rend très visibles et d'éventuels défauts également.

• Tableau des mesures en cm pour "La rentrée"

	Hauteur	Largeur
Fenêtre image	25	35
Coupe droite (2 x 0,5)	1	1
Biseau (2 x 3)	6	6
Passe-partout (2 x 7)	14	14
Total	46	56

croquis des tracés

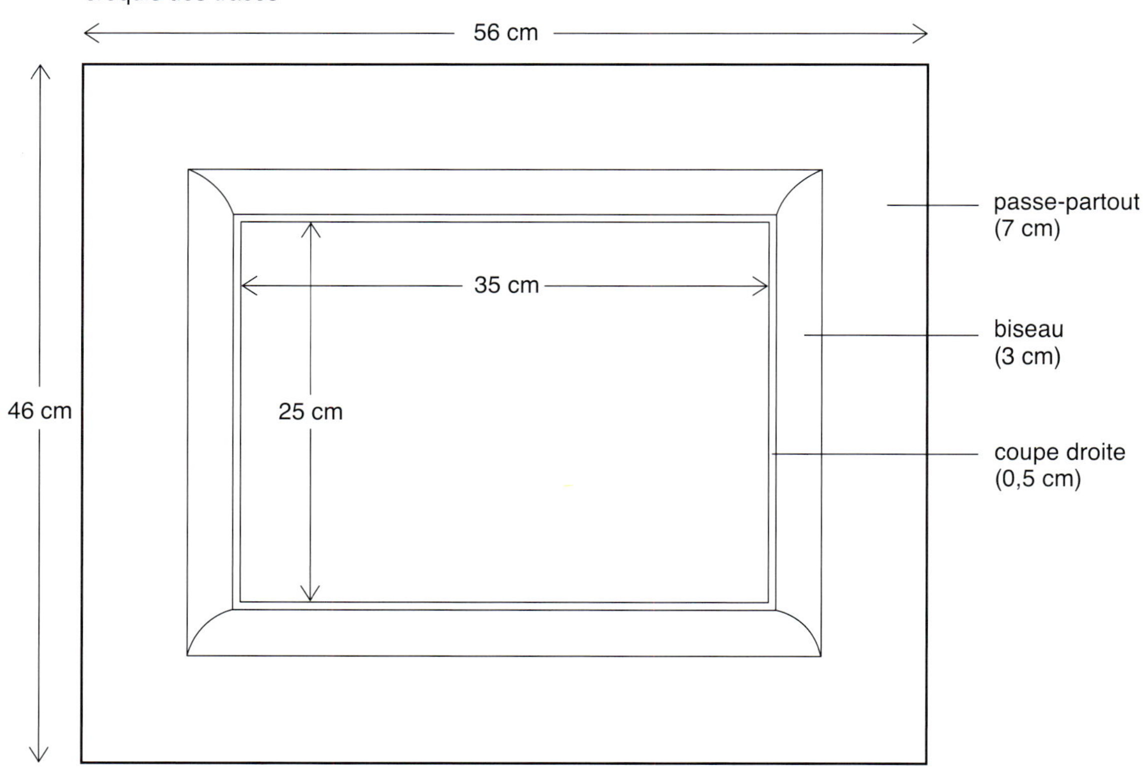

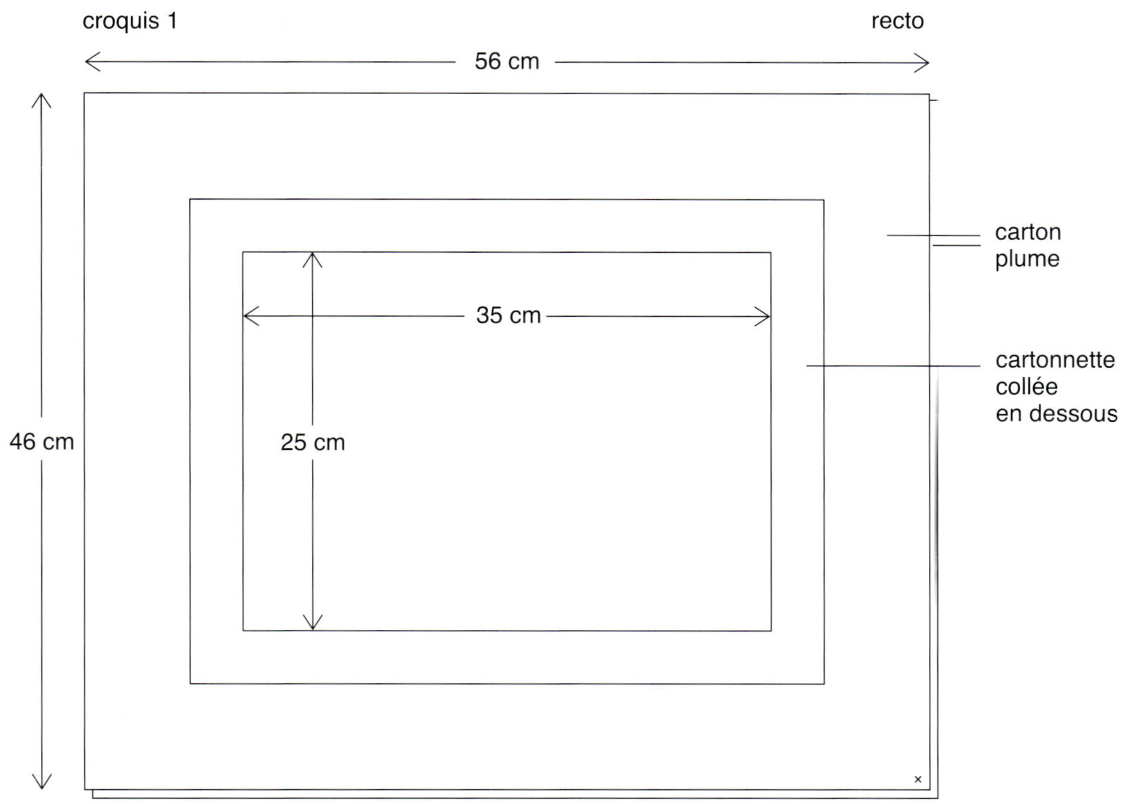

Réalisation

• Tracé et découpe des cartons

Contre-collé

• Travailler sur l'envers.

• Tracer la marge souhaitée.

• Ouvrir sur une plaque de verre pour éviter les petites déchirures du papier. Utiliser une lame neuve.

Attention à ne pas dépasser les coins.

• Une fois l'ouverture faite, passer le plioir sur la tranche côté recto pour rabattre le papier.
Éventuellement la lime à ongle si les coupes ne sont pas nettes.

• Tracer les lignes ou faire les motifs. Ici l'alphabet est écrit au tire-ligne, le lignage est fait en lavis.

• Prendre l'empreinte sur le carton plume à l'aplomb de l'ouverture de ce passe-partout. Ouvrir ce carton plume.

• Prendre l'empreinte du carton plume sur la cartonnette (cartonnette fond de biseau).

• Avancer cette marge de la valeur choisie pour le biseau, ici, il est de 3 cm.

• Ouvrir cette cartonnette et la coller sous le carton plume (croquis 1).

• Mettre sous-presse quelques minutes.

• Prendre la feuille de rigidex.

• Découper 4 bandes de largeur équivalente à la valeur du biseau + 2 cm et d'une longueur égale à celle des ouvertures du passe-partout + 4 cm, soit 5 x 39 cm pour cet exemple.

• Découpe des biseaux

Les biseaux se montent en vis-à-vis.

• Commencer par les deux grands côtés.

• Faire des repères sur le carton plume et sur les bandes de rigidex car chaque bande de biseau doit avoir son propre côté (croquis 2).

Première bande de biseau

• Faire un trait à 1 cm du bord de la bande de rigidex puis un second à 3 cm, qui correspond à la dimension du biseau.

• Prendre l'ensemble carton plume + cartonnette sur le verso.

• Mesurer la dimension exacte de l'ouverture correspondant à la bande. Faire des repères.

• Couper droit sur les repères.

• Poser le gabarit d'angle sur le tracé d'1 cm au niveau de la première découpe, l'abaisser légèrement afin d'augmenter l'angle.

• Couper.

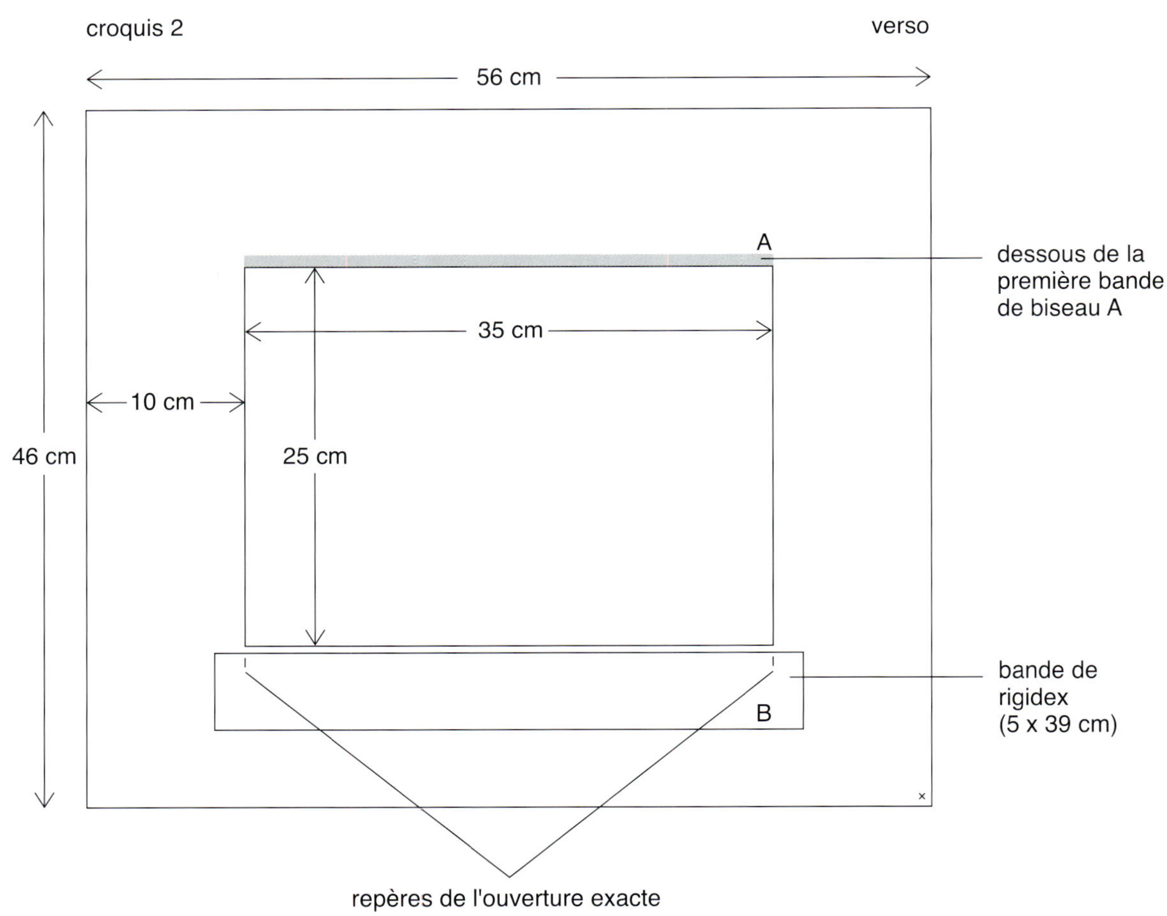

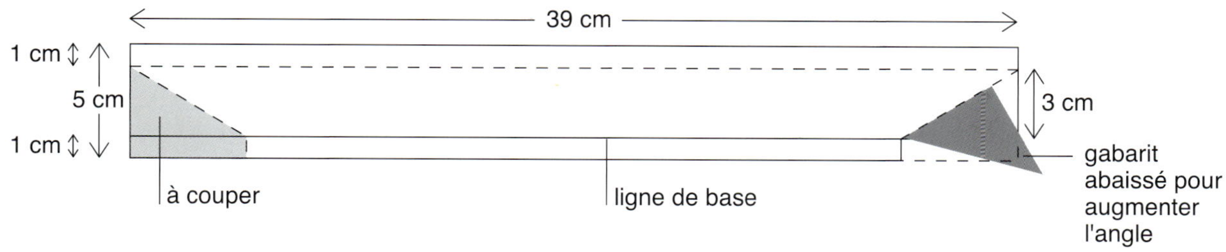

- Procéder de la même façon pour la découpe de l'autre angle.
- Préformer cette bande de rigidex à l'aide du plioir et du réglet le long de la ligne de base.

• Habillage des biseaux

- Positionner cette bande sur le côté correspondant. Si elle s'adapte parfaitement, l'habiller en arasant les 4 côtés.

Pour des biseaux bombés, l'arrondir après habillage à l'aide du plioir allongé le long la bande.

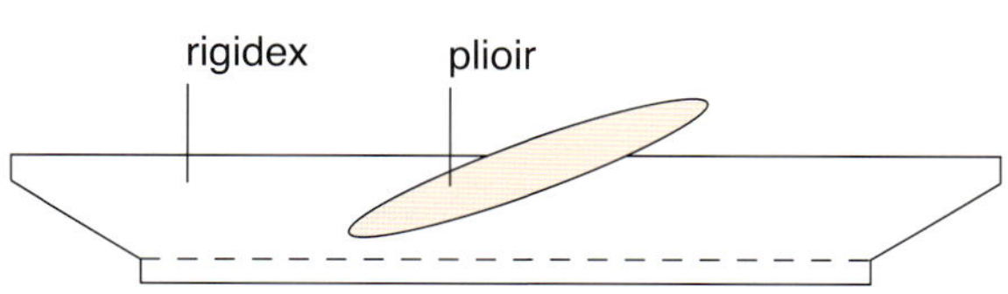

bien lisser avec la tranche du plioir d'une main en tirant sur la bande de l'autre pour obtenir un léger bombé du biseau

- Procéder de la même façon avec son vis-à-vis.
- Coller les biseaux préformés sur le carton plume.
- Retourner l'ensemble carton plume + cartonnette côté verso.
- Encoller une bande de 1 cm de large sur toute la longueur de l'ouverture.
- Retourner.
- Glisser la bande de biseau sous la cartonnette.
- Passer le doigt sur celle-ci pour faire adhérer la bande de biseau.

Ne jamais appuyer sur la cartonnette à l'envers car l'on risque de déchirer le carton.

- Encoller le bord de l'ouverture du carton plume, déborder aux coins pour bien coller les angles.
- Rabattre le biseau.
- Ne pas tirer trop fort pour ne pas déchirer la cartonnette de base.

Procéder de la même façon pour son vis-à-vis.

Petites ouvertures

• Procéder de la même façon que pour les deux premières bandes pour la prise de mesure et le tracé. Attention à habiller les bandes de rigidex une fois qu'elles sont bien adaptées et surtout pas avant.

• Une fois cette étape terminée, il faut adapter les angles sur les angles du passe-partout. Placer les bandes en faisant attention aux repères.

• Les maintenir si nécessaire avec une bande adhésive.

• Poser le passe-partout dessus.

• Bien équerrer à l'aide d'une épingle.

• Faire une légère marque sur la bande de rigidex au niveau du coin interne du passe-partout comme on peut le faire pour adapter les biseaux à 45° (voir page 24). Procéder de la même façon pour les 4 coins.

• Assemblage final

• Retirer le passe-partout puis les bandes.

• Les découper à nouveau en ajustant bien la base de la bande au repère.

• Vérifier en les repositionant sur le support.

• Habiller. Attention à bien rabattre les extrémités car la tranche est apparente.

• Les coller de la même façon que les deux grands côtés.

• Coller le passe-partout.

• Finitions

• Poser l'anneau sur le carton de fond.

• Ajuster tous les cartons, poser le verre, serrer à l'aide des pinces.

• Faire le paquet.

• Couper les baguettes, assembler.

• Pour l'exemple "Les chaises", habiller la baguette selon les indications du chapitre "gainage de la baguette", page 36.

Les chaises
Les reliefs sous le passe-partout ont des motifs classiques.
Les biseaux sont légèrement bombés. Un papier moiré vert habille les biseaux et la sous-carte : il rappelle le vert et le blanc présents dans les autres papiers.
Le papier de la baguette est le même que celui des biseaux.

G.P
VM
K.F.

biseaux perroquet

Petit bazar de la plage
Pour reprendre la fantaisie des couleurs de la broderie, le passe-partout est bleu clair, les biseaux reprennent les tons des motifs de la frise entourant la boutique. La sous-carte est orange comme le papier habillant le sous-verre afin d'éclairer l'ensemble.

• Fournitures

4 cartonnettes (une pour le passe-partout, une pour la sous-carte, une pour le fond de biseau et une pour la fi).

1 carton plume de 1 cm

1 carton de fond

Papiers

Rigidex

PETIT BAZAR DE LA PLAGE

Présentation

La différence par rapport aux biseaux fantaisies provient de la cartonnette fond de biseau et de la pose des bandes de biseaux.

Le calcul se fait comme pour des biseaux fantaisies.

• Tableau des mesures en cm pour "Petit bazar de la plage"

	Hauteur	Largeur
Fenêtre image	17	23,5
Biseau (2 x 2)	4	4
Sous-carte (2 x 0,1)	0,2	0,2
Passe-partout (2 x 6)	12	12
Total	33,2	39,7

croquis des tracés

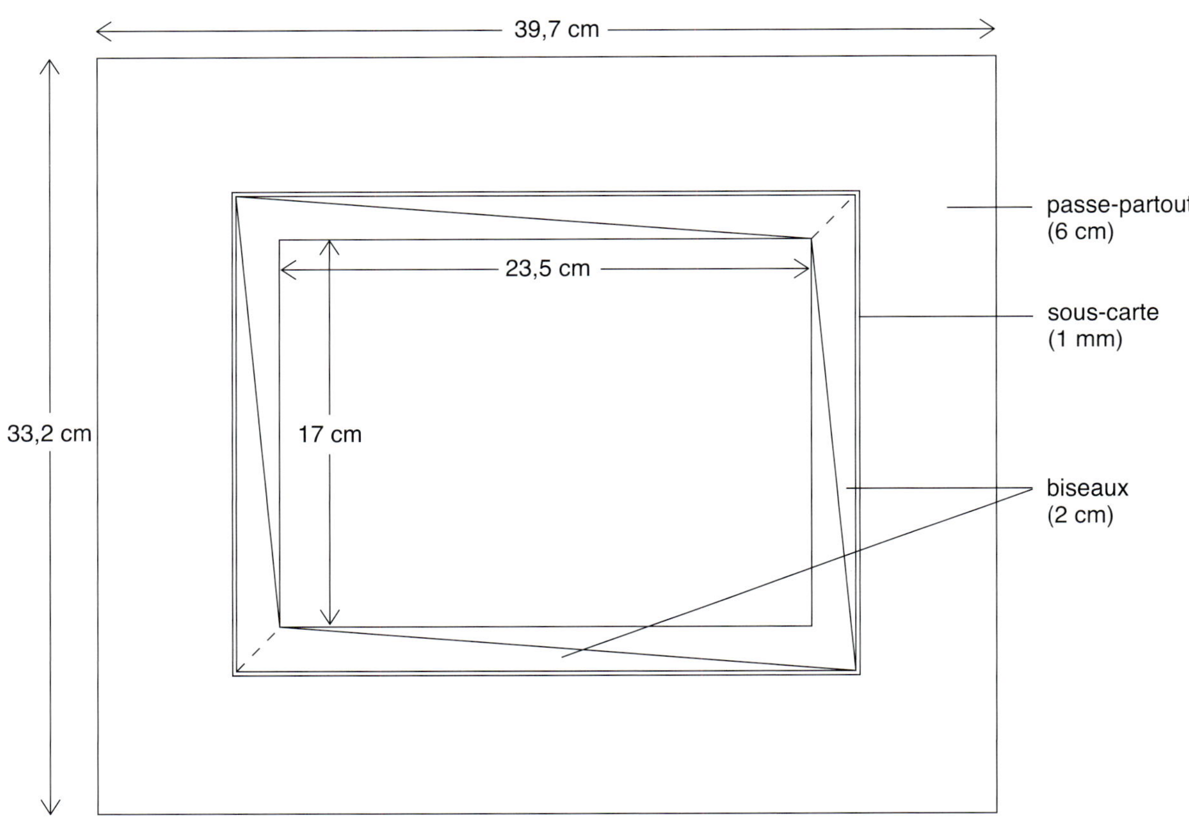

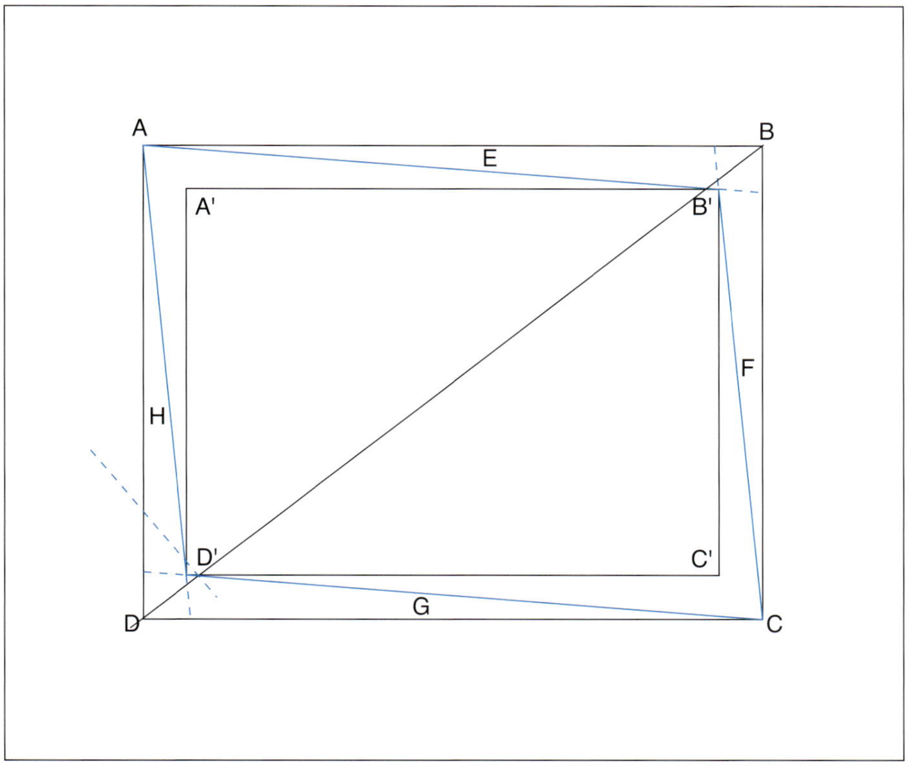

Réalisation

• Tracés et découpes

Cartonnette 1 (passe-partout).

- Tracer la marge définie.
- Ouvrir et habiller (voir page 20).

Cartonnette 2 (sous-carte)

- La placer sous le passe-partout et la maintenir aux 4 coins avec les épingles.
- Prendre l'empreinte à l'aide du critérium avec épaulement : la mine doit être à peine sortie. Il faut le placer bien à l'aplomb de l'ouverture et tracer. L'épaulement va donner le millimètre de recul.
- Ouvrir et habiller cette sous-carte puis la coller sous le passe-partout.
- Mettre sous presse quelques minutes.

Carton plume

- Prendre le carton plume, y prendre l'empreinte de l'ensemble passe-partout et sous-carte.
- Couper droit.

Cartonnette fond de biseau

- Poser le carton plume par dessus et prendre l'empreinte de l'ouverture.

Faire les tracés suivant le croquis ci-dessus.

croquis 1

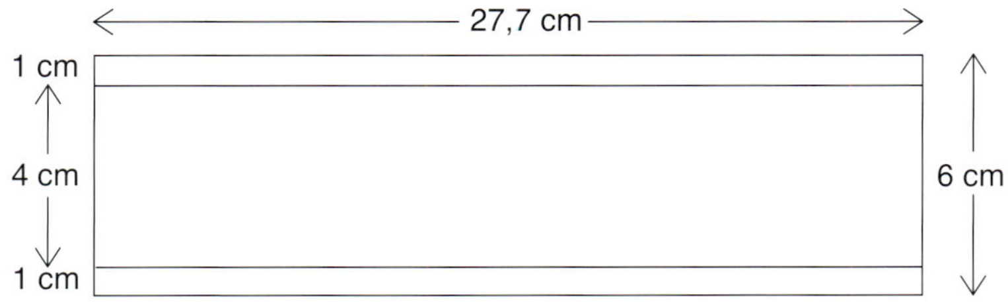

croquis 2

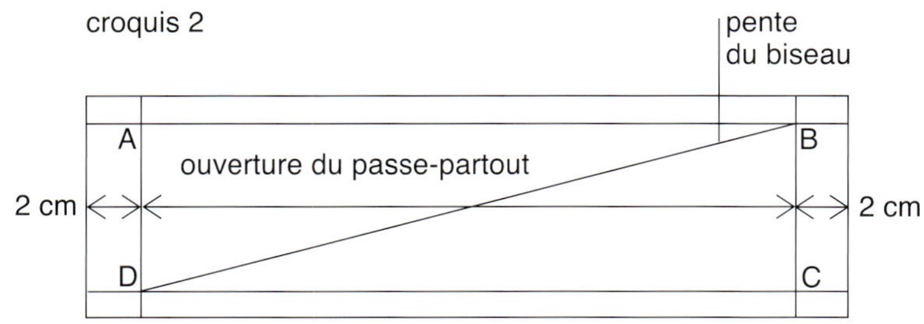

croquis 3

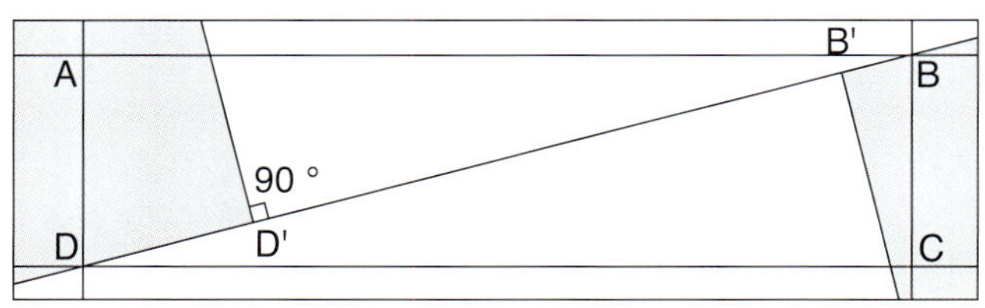

• Ouvrir EFGH. Et coller cette cartonnette fond de biseau sous le carton plume.

• Mettre sous presse quelques minutes.

• Montage des biseaux

Effectuer le travail de géométrie sur les bandes de rigidex. Elles seront habillées en dernier lieu.

• Couper 4 bandes de rigidex :
2 bandes correspondant à la longueur de l'ouverture du passe-partout et d'une largeur égale à la valeur du biseau x 3. Pour cet exemple, elles feront 6 x 27,7 cm.

2 autres bandes correspondant à la hauteur de l'ouverture du passe-partout et d'une largeur égale à la valeur du biseau x 3. Pour cet exemple, elles feront 6 x 21,2 cm.

• Prendre la première bande, y faire les tracés successifs présentés ci-dessus (croquis 1, 2 et 3).

Les découpes terminées, préformer la bande au plioir. Vérifier qu'elle s'adapte bien (voir page 117).

• La fixer provisoirement à l'aide d'une bande adhésive.

• Procéder de la même façon pour les trois autres bandes.

Une fois les 4 bandes positionnées provisoirement, prendre le passe-partout, le poser par dessus et vérifier que les angles correspondent bien.

• Si oui, habiller les bandes de rigidex avec le papier choisi en rabattant d'abord le papier sur les petits côtés des bandes.

Sinon, faire un repère à l'aide d'une épingle et recouper.

• Fixer définitivement comme pour les biseaux fantaisies (voir page 117), d'abord sur le verso puis le recto.

• Coller le passe-partout sur le carton plume. Mettre sous presse quelques minutes.

Cartonnette 4

• Poser dessus l'ensemble précédent.

• Prendre l'empreinte de l'ouverture bien à l'aplomb puis refaire le tracé A'B'C'D' du croquis 1.

• Ouvrir puis habiller soit comme une sous-carte soit comme un passe-partout (voir page 20).

• Coller le passe-partout sur l'ensemble

• Mettre sous presse.

• Finition

• Poser l'anneau sur le carton de fond.

• Ajuster tous les cartons, poser le verre, serrer à l'aide des pinces.

• Faire le paquet.

• Couper les baguettes, assembler.

Les voyelles tirent,
les consonnes poussent
Passe-partout et cartonnette de base sont du même jaune. Les biseaux sont habillés d'un papier irisé bleu foncé reprenant le ton du haut des lettres alors que la baguette est d'un bleu plus clair reprenant le ton du bas des lettres brodées.

A a b B c C d D E e
f F g G h H I i j J
k K L m M n N O o
p P q Q r R s S t T
U u v V w W x X
01234 Y y z Z 56789

biseaux fantaisie transparents

Le caféier

Passe-partout avec une feuille de caféier en relief, dépassant sur les biseaux. L'originalité vient aussi des deux biseaux transparents remplis de grains de café et de morceaux de sucre ainsi que des deux biseaux fantaisie reprenant les tons dominants de la broderie.
J'ai préféré ne pas faire les 4 biseaux transparents pour éviter un encadrement trop chargé.
Mon choix s'est porté sur cette baguette en bois qui rappelle les grains de café.

• Fournitures

1 carton de fond

1 carton plume de 1 cm, voire même 2 cm si les objets à exposer en transparence sont de taille importante

2 cartonnettes : une pour le passe-partout et une pour le fond de biseau

1 feuille de rhodoïd (grammage le plus léger)

Papiers

Adhésif double face de 1 cm

Adhésif simple face

Matériaux pour remplir les biseaux

Crayon feutre à pointe fine

Il est possible de remplacer la cartonnette de fond de biseau par du rhodoïd épais mais il est cher et ne présente pas d'intérêt notable.

LE CAFÉ
van
entier
coupé
fruits du caféier
rameau
de caféier
grains de café
grilles
cafetière
brulоir
moulin à café

Présentation

Cette technique permet beaucoup de fantaisie, car il est possible de proposer de nombreux petits accessoires dans ces biseaux.

La difficulté se situe dans l'adaptation des angles des biseaux. Leur transparence implique un montage et des jointures parfaites.

La dimension minimale de ces biseaux est de 2,5 cm.

Chaque biseau est soit rempli au fur et à mesure de la pose, soit une fois les deux premiers posés, soit avant le dernier. Vous l'adapterez en fonction de ce que vous mettrez à l'intérieur. Ici, les grains de café ont été glissés avant la pose du dernier biseau.

• Tableau des mesures en cm pour "Le caféier"

	Hauteur	Largeur
Fenêtre image	22	24
Biseau (2 x 2,5)	5	5
Passe-partout (2 x 6)	12	12
Total	39	41

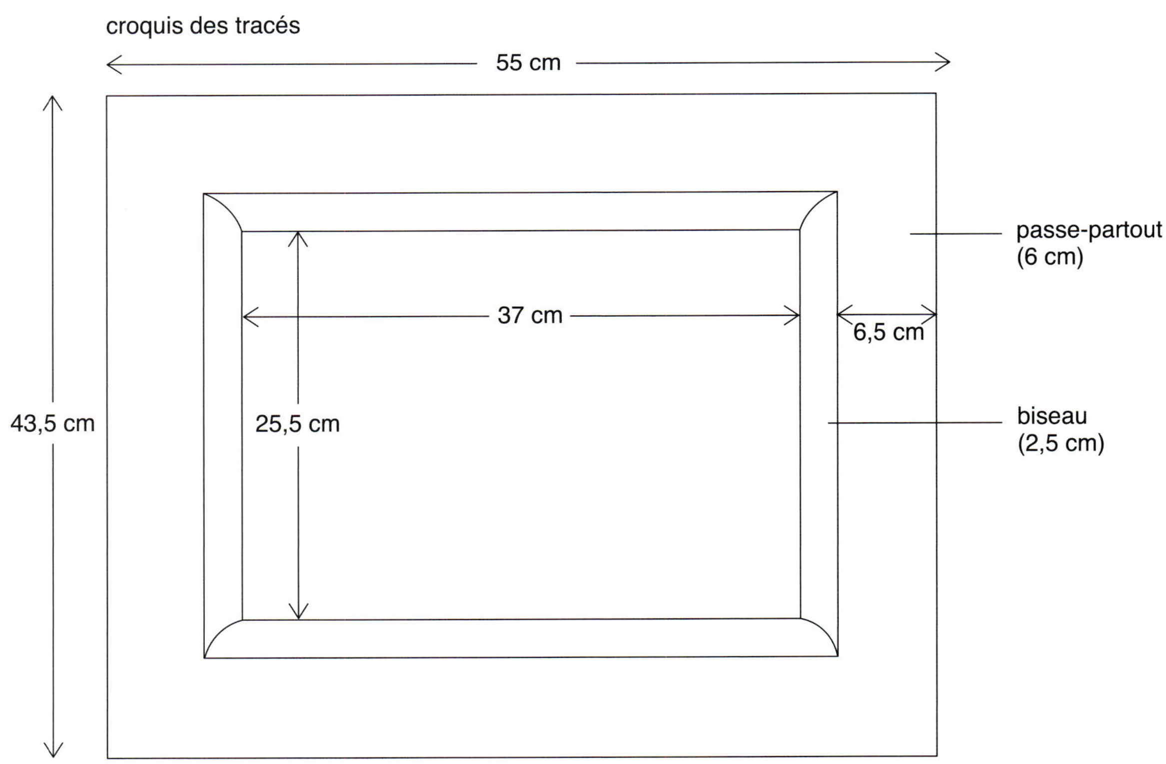

Réalisation

• Tracés et découpes

Le montage des différents cartons se fait à la manière des biseaux fantaisie classiques.

• Prendre la cartonnette de surface, l'ouvrir et l'habiller (voir page 20).

• La poser sur le carton biseau et prendre l'empreinte. Ne pas oublier les repères.

• Couper le carton plume bien droit.

• Prendre la seconde cartonnette de fond de biseau et la poser sous le carton plume.

• Prendre l'empreinte et l'agrandir de l'équivalent de la valeur du biseau (soit 2,5 cm pour cet exemple).

• Ouvrir.

• Reprendre le carton plume, habiller les coupes droites (voir page 30).

• Habiller également la cartonnette fond de biseau (voir page 30) de la même façon qu'une sous-carte. Ici les bandes de papier seront plus larges : de la largeur des biseaux + 2 cm soit 4,5 cm.

Cette solution est plus économique au niveau des papiers qu'un habillage en plein, car l'on utilise des bandes de papier au lieu d'une feuille entière.

• Une fois ce travail effectué, coller le carton plume sur la cartonnette de fond de biseau.

• Mettre sous-presse quelques minutes.

• Montage des biseaux

• Prendre la feuille de rhodoïd.

• Couper 2 bandes aux dimensions suivantes :

largeur :
biseau + 2 cm (soit ici 2,5 + 2 = 4,5 cm)
longueur :
longueur correspondant à l'ouverture des grands côtés du passe-partout.

• Couper 2 autres bandes de cette même largeur, mais d'une longueur équivalente à celle des petits côtés de l'ouverture du passe-partout.

• Montage des biseaux

Ici, les biseaux se montent en tournant et non en vis-à-vis car chaque angle est à adapter au suivant.

Premier biseau

• Prendre la 1ère bande de rhodoïd.

• Faire un tracé au crayon feutre tout du long à 1 cm du bord de la base du biseau.

• Retourner l'ensemble des cartons.

• Prendre la mesure exacte en faisant les repères au feutre et trancher la base du biseau sur ce repère.

• Poser le gabarit puis couper les deux extrémités (voir croquis page 117).

• Placer la bande de rhodoïd sur le côté correspondant. La maintenir à l'aide d'une bande adhésive.

• Poser le passe-partout, pointer les angles, retirer le passe-partout ainsi que les bandes et les recouper.

• Une fois le rhodoïd coupé, effacer le trait.

• Vérifier que la bande se positionne bien, puis retourner l'ensemble carton plume et cartonnette.

• Poser l'adhésif double face le long de l'ouverture sans trop appuyer sur la cartonnette.

• Retourner le tout, glisser le rhodoïd sous la cartonnette et bien appliquer à la main.

Procéder à cette opération uniquement de ce côté et non de l'autre, car cela risque de déchirer la cartonnette.

• Remplir le biseau.

• Coller le rhodoïd sur le dessus du carton plume.

• Fermer le biseau.

Attention à ne pas tirer trop fort pour ne pas remonter ni déchirer la cartonnette.

Second biseau

• Procéder de la même façon que pour le 1er biseau.

Cependant, il faudra adapter les angles en traçant au feutre sur la 2ème bande, l'empreinte de la 1ère.
Cette empreinte ne se fait donc pas en fonction du passe-partout.

• Retirer, recouper.

• Poser les deux autres côtés, soit en papier soit transparents.

Chaque angle de bande de rhodoïd est à adapter de cette manière.

• Ne pas oublier de les remplir.

• Finitions

• Poser l'anneau sur le carton de fond.

• Ajuster tous les cartons, poser le verre, serrer à l'aide des pinces.

• Faire le paquet.

• Couper les baguettes, assembler.

cafetière

chevillard

Abécédaire rouge fleur
Cet encadrement comprend, outre le chevillard, des biseaux à 45° qui suivent les contours des biseaux fantaisies et deux sous-cartes, une sous le passe-partout, une autre sous le biseau.
J'ai utilisé le même papier pour le passe-partout, les biseaux fantaisies et pour les biseaux à 45°. Les sous-cartes et la baguette reprennent la couleur de la toile.

• Fournitures

1 carton de fond
3 cartonnettes (deux pour les sous-cartes, une pour le fond de biseau)
1 carton plume de 1 cm
1 carton biseau
Feuille de Rigidex (ou papier goudron ou bristol fin)
Papiers
Compas
Règle lourde plate pour les biseaux à 45° réalisés à main levée

ABCDE
FGHIJKL
MNOPQ
RSTUV
WXYZ

Présentation

Cette technique est plutôt réservée à un sujet classique.
Sa difficulté réside dans la pose des arrondis et dans la découpe à main levée des biseaux à 45°.
Pour les côtés en coupe droite, il faudra utiliser une règle lourde plate.
Pour votre 1er essai, je vous conseille de faire le biseau à la main dans du carton de fond qui est moins épais.

Éviter les papiers trop épais qui donneront trop d'épaisseur aux arrondis.

Faire attention pour le calcul de la fi car il faut compter avec l'empiètement des arrondis sur la broderie.

Faire un gabarit d'ouverture pour mieux juger de l'effet et avoir les bonnes dimensions.

croquis des tracés

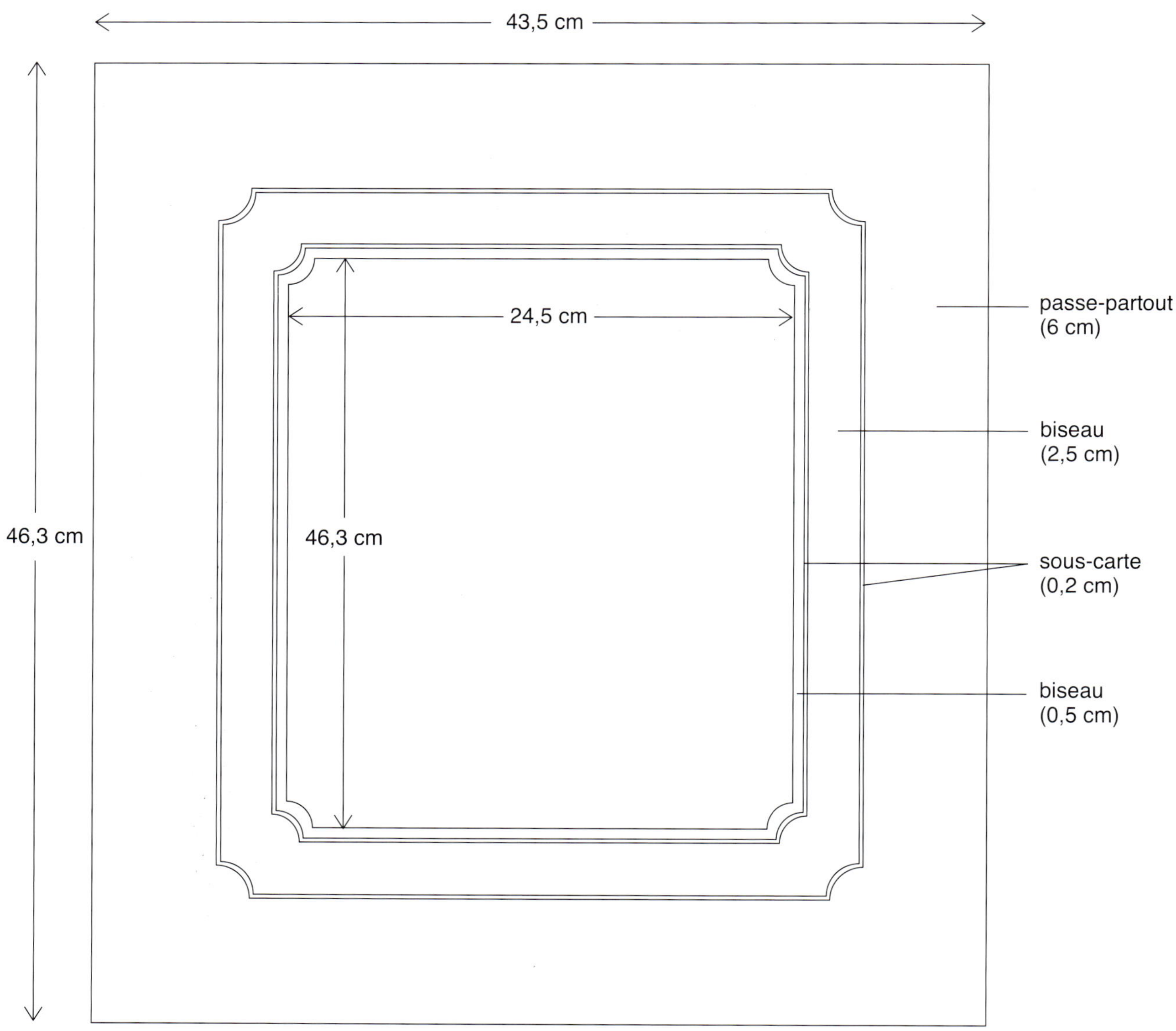

• Tableau des mesures en cm pour "Abécédaire rouge fleur"

	Hauteur	Largeur
Fenêtre image	24,5	27,5
Biseau à 45° (2 x 0,5)	1	1
Sous-carte (2 x 0,2)	0,4	0,4
Biseau (2 x 2,5)	5	5
Sous-carte (2 x 0,2)	0,4	0,4
Passe-partout (2 x 6)	12	12
Total	43,3	46,3

Réalisation

•Tracés, découpes et habillages

Passe-partout

- Prendre la première cartonnette.
- Tracer la marge de 6 cm.
- Tracer les diagonales d'angle et marquer le point A.

croquis 1

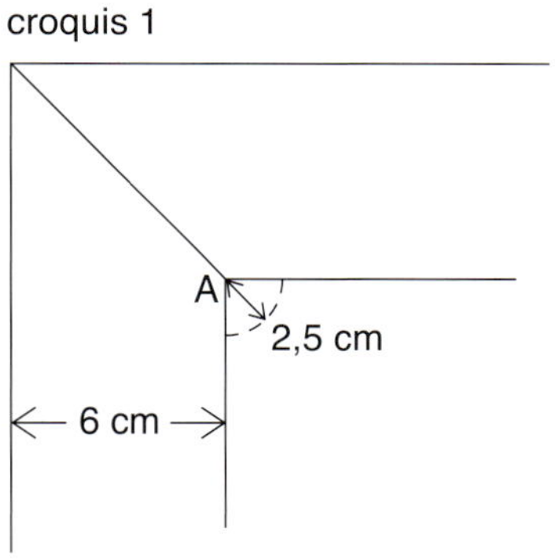

- Ouvrir le compas de la valeur du biseau, ici 2,5 cm.
Pointer l'angle A et tracer l'arc de cercle.
- Procéder de la même façon pour les trois autres angles.
- Ouvrir la cartonnette, l'habiller. Attention à bien rabattre les arrondis en crantant à la façon des couturières (voir page 82) pour éviter les surépaisseurs de papier.

Sous-carte 2 : coupe droite

- Tracer puis habiller la sous-carte dépassant du passe-partout.
- La coller sous ce passe-partout.
- Mettre sous presse quelques minutes.

Carton plume : biseaux

- Prendre l'empreinte de cet ensemble passe-partout + sous-carte sur le carton plume.
Attention à bien équerrer les cartons pour faciliter l'adaptation des arrondis.
- Couper droit.

Fonds de biseau

• Prendre la seconde cartonnette.

• Tracer l'empreinte du passe-partout puis prolonger les côtés pour retrouver le sommet de chaque angle et tracer les diagonales d'angles.

• Ouvrir le compas de 5,5 cm soit la largeur du biseau + 2 cm.

• Pointer l'angle A puis tracer l'arrondi.

• Procéder de la même façon pour les trois autres angles.

croquis 2

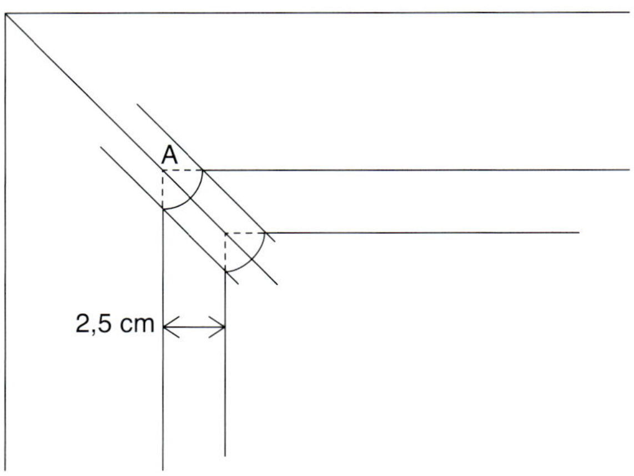

À partir de l'empreinte, reporter vers l'intérieur une marge équivalente à la valeur du biseau, ici de 2,5 cm.
La cartonnette fond de biseau est tracée.

• Découper cette fenêtre puis la coller sous le carton plume.

• Mettre sous presse quelques minutes.

• Montage des biseaux

Procéder comme pour les biseaux fantaisie.

• Faire la première partie du travail avec le rigidex (voir page 117).

• Commencer par couper les bandes de rigidex pour les 4 côtés, les préformer, les adapter puis les encoller avec le papier choisi et enfin les fixer.

• Habillage des arrondis

• Couper dans le rigidex, 4 carrés de 18 cm de côté, leur attribuer un angle en les numérotant.

Important : chaque carré a son arrondi aussi bien au niveau du passe-partout que de l'ensemble carton plume et cartonnette.

• Prendre le premier carré, le poser contre l'équerre puis poser le passe-partout selon l'angle correspondant à la numérotation.

• Prendre l'empreinte.

• Retirer ce passe-partout et faire de même avec le carton plume.
Tracer AC puis BD.

• Découper délicatement la figure ABDC.

• À l'aide de la lime à ongle, désépaissir cette figure sur tous les côtés, en les biseautant légèrement.

La placer sur l'arrondi. Normalement, elle doit le recouvrir parfaitement.

croquis 3

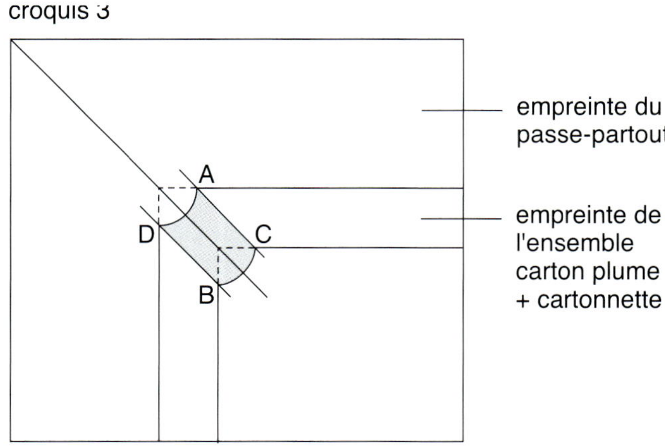

• Vérifier les angles avec le passe-partout tout en sachant que le papier viendra ensuite la recouvrir.

• Encoller.
Laisser 1 cm de surplus de papier tout autour du carton et découper le papier comme sur le croquis.

croquis 4

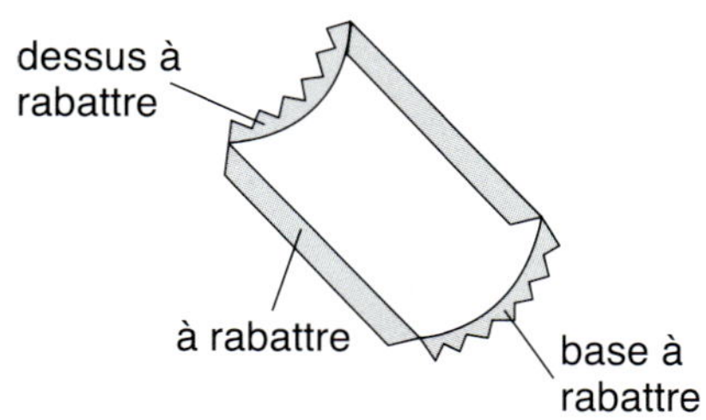

• Travailler le papier se trouvant à la base de la forme au plioir, en le rabattant.

Il sera ainsi préformé et facilement adapté à l'arrondi de la cartonnette de base.

• Encoller le dessous de l'arrondi, retourner pour avoir le dessus face à soi.

• Positionner l'arrondi et par dessous, rabattre les franges.

Attention ! Cette étape est assez délicate, prenez votre temps.

• Mettre un point de colle sur les côtés de l'arrondi pour les faire bien adhérer aux grands côtés des biseaux mais ne pas trop appuyer pour ne pas les affaisser.

• Encoller le carton plume et coller le surplus supérieur de papier. Bien lisser au plioir.

• Procéder de la même façon pour les trois autres angles.

• Coller cet ensemble sous le passe-partout.

• Mettre sous presse.

• Tracer puis habiller la seconde sous carte.

• La coller sous l'ensemble passe-partout et biseaux.

Le travail s'arrête ici pour le chevillard et continue pour les biseaux à 45° en forme.

• Biseaux à 45° en forme

Quelques essais sur des chutes de carton ne seront pas inutiles.

Découpes

• Prendre le carton biseau, y reporter l'empreinte du paquet précédent, c'est-à-dire passe-partout et biseau.

Il vaut mieux découper sur une plaque de verre pour avoir des biseaux plus nets.

• Maintenir fermement le carton à l'aide d'un serre-joint.

• Positionner la règle à l'intérieur de la fenêtre, la tenir fermement.

• Prendre le cutter coudé, lui donner un angle de 45° en s'aidant du gabarit d'angle. Faire un premier passage en appuyant légèrement, de façon à tracer le chemin.

• Dépasser les tracés de la fenêtre d'un bon centimètre.

• Faire un second passage en appuyant fortement, il faut cette fois que le cutter traverse le carton.
Il vaut mieux éviter plusieurs passages pour obtenir une pente bien nette.

• Trancher les trois autres côtés.
Retirer le serre-joint.

Arrondis

• Tenir le cutter de la même façon que ci-dessus. Le premier geste doit être léger pour marquer le passage, puis le second en force. Les arrondis doivent être coupés en un seul passage.
Attention à bien garder l'inclinaison.

• Une fois la totalité des biseaux coupés, passer le papier de verre.

• Vérifier que les biseaux s'adaptent bien sous le premier paquet.
Si oui, passer à l'habillage.

Habillage

• Habiller d'abord les arrondis.

• Découper 4 bandes de papier d'1 cm de large et un peu plus grandes que les arrondis car les bandes seront à rentrer dans l'épaisseur du carton.

• Encoller la première pente.

• Mouiller légèrement la bande de papier, soit à l'éponge soit au pinceau. Positionner la bande sur la pente en rentrant les extrémités dans le carton.

• Bien lisser la pente au plioir, le papier doit bien faire corps avec le carton.

• Retourner, cranter, rabattre en collant. Bien lisser au plioir.

• Reprendre le dessus, travailler le papier au plioir pour le préformer, le mouiller, encoller le carton puis rabattre le papier.

Procéder de la même façon pour les trois autres angles.

• Finitions

• Poser l'anneau sur le carton de fond.

• Ajuster tous les cartons, poser le verre, serrer à l'aide des pinces. Faire le paquet.

Abécédaire aux roses
Sous ce chevillard se trouvent des biseaux fantaisies simples dont les coins sont recouverts par les arrondis du chevillard.
Le passe-partout et la dernière sous-carte sont de couleur framboise reprenant les tons des roses. J'ai ajouté une sous-carte verte entre les biseaux et le passe-partout pour avoir encore plus de profondeur. Les biseaux fantaisie simples sont habillés de papier écru, reprenant l'ambiance dentelle de la broderie. On retrouve cet effet dentelle grâce à la baguette.

lexique

- **Araser :** couper à ras.
- **Biseaux anglais :** découpe à 45° faite soit à la main soit à l'aide du curseur. Elle sert à donner de la profondeur.
- **Carton biseau :** carton bois de 80/120 cm et de 3 à 4 mm d'épaisseur utilisé pour donner de la profondeur.
- **Carton de fond :** carton bois de 2,5 mm servant de fond à l'encadrement et sur lequel est posé l'anneau.
- **Carton plume :** léger et facile à découper, il sert de support aux broderies (épaisseur 0,5 cm) ou de support pour certains biseaux (épaisseur1 cm).
- **Carte bulle ou cartonnette :** d'une épaisseur de 1 mm, elle est destiné aux passe-partout ou aux sous-cartes, elle est recouverte de papier ou de relon.
- **Carton gris ou carton martyre :** d'une épaisseur de 3 mm, il sert de tapis de protection.
- **Équerrage :** action qui a pour objectif de donner une même dimension à tous les cartons, les uns par rapport aux autres.
- **Fi :** partie de la broderie que l'on désire voir apparaître une fois l'encadrement terminé.
- **Feuillure :** partie de la baguette qui repose sur le verre.
- **Gabarit d'angle :** petite plaque métallique ayant un angle à 45° et un angle à 90°.
- **Marge :** largeur du passe-partout.
Elle est en général égale sur les 4 côtés, sauf si l'on désire faire un talon. Dans ce cas, ajouter 0,5 mm dans le bas.
Elle est au minimum de 5 cm.
- **Passe-partout :** fait en cartonnette ou en contre-collé. C'est l'élément supérieur du cadre.
- **Paquet :** assemblage final des différents éléments, verre compris, et maintenu à l'aide d'un papier kraft brun.
- **Papiers :** grand choix de papiers, canson (gaufré), Vergé (ligné), Fabriano (toilé), Daler (uni), fantaisie (motifs), fait-main, japonais, népalais...et beaucoup d'autres.
- **Papier cristal :** papier fin transparent (chez les fleuristes).
- **Plioir :** outil en os ou en résine (moins cher) permettant d'aplanir les pliures des papiers.
- **Pointe à embosser :** petit outil à bouts ronds aux deux extrémités et servant à faire ressortir les reliefs.
- **Relon :** toile tendue sur un papier fin servant à habiller passe-partout, sous-carte ou biseaux.
- **Remborder :** rabattre le papier sur le verso du carton.
- **Rhodoïd :** feuille de plastique transparente utilisée pour les biseaux transparents.
- **Rigidex ou papier goudron :** sert de support aux papiers pour les biseaux fantaisies, perroquet... Ils permettent un bon maintien du papier et peuvent être parfois remplacés par du bristol à la condition que le papier choisi ne soit pas trop épais.
- **Sous-carte :** dépassant de 0,2 cm soit sous le passe-partout, soit sous le biseau, soit des deux. Faite dans de la cartonnette.
- **Talon :** marge située en bas du passe-partout et inférieure de 0,5 cm aux autres côtés du passe-partout.

remerciements

Nous remercions les créateurs qui nous ont offert leurs broderies. Et aussi les nombreuses brodeuses, notamment Catherine Roussel et Valérie Chariot.

Double ouverture
Bon vent et retour de marché : Milpoint
Ambiance marine : carte postale brodée, éditeur inconnu

Biseaux en papiers déchirés
Saute Mouton : Boulet doré
Abécédaire de la brodeuse : Boulet doré

Passe-partout interrompu
Le coq : Boulet doré
Sapins de noël : éditeur inconnu

Gorge incurvée
Souris au lit : Boulet doré
Les fleurs jaunes : Boulet doré

Biseaux imbriqués en diagonale
Abécédaire fleurs : Boulet doré

Biseau fantaisie rond à écoinçons
Chausson à broder : Milpoint
Cœur de rose : Carole Atzu

Biseau fantaisie ovale
Chausson en ovale : Milpoint

Rond décentré
Noël au ruban : Couleurs croisées
Dent de lait : Milpoint

Chantourné
Lettre matelot : Boulet doré

Biseau français
Monochrome rouge : Carole Atzu
Abécédaire du peintre : Boulet doré

Biseau fantaisie
La rentrée : Milpoint
Les chaises : travail collectif

Biseaux perroquets
Le petit bazar : Milpoint
Les voyelles tirent, les consonnes poussent : Boulet doré

Biseaux fantaisie transparents
Le café : Milpoint

Chevillard
Abécédaire rouge fleurs : Boulet doré

Boulet doré :
6, rue de la Sienne
50660 Quettreville-sur-Sienne
02 33 46 09 39
bouletdore@wanadoo.fr

Milpoint :
ZAES du Moulin Rouge
24120 Terrasson
05 53 51 74 20

Carole Atzu :
25, rue de Versailles
78150 Le Chesnay

Couleurs croisées :
16, rue Saint-Égarec
29810 Lampaul-Plouarzel

isbn 2-908894-60-2

6, rue Deguerry
75011 Paris
Tél : 01 40 21 35 42

conception graphique
studio gribouille

photographies
Julien Clapot

stylisme
Fabienne Cardonne

photogravure
Open graphic média

achevé d'imprimé en septembre 2004
sur les presses de l'imprimerie
Stige en Italie

dépôt légal
4ème trimestre 2004